PAULO FARIA

Da Viva Alma Mais Honesta do Universo
ao Capitão Cloroquina

A ARTE DO SARCASMO

1ª Edição

2020

Edição: Paulo Faria

Revisão de textos: José Fernandes

Diagramação: Pura imagem – Criação, Marketing & Fotografia
Capa: Pura imagem – Criação, Marketing & Fotografia

Faria, Paulo Sérgio Soares
  A Arte do Sarcasmo: Da Viva Alma Mais Honesta do Universo
ao Capitão Cloroquina / Paulo Faria - Caiana/MG: 154p.

ISBN: 979-86-662-2476-2

  1. Ciência política. 2. Teorias políticas. 3. Ideologias.

15/018   CDD 320

Índices para catálogo sistemático

1. Ciência Política 320
2. Teorias Políticas 320.5
3. Ideologias 320.5

Este livro segue as regras do acordo Ortográfico da Língua
Portuguesa em vigor desde 01/01/2009.

2020

Dedico este livro à minha querida mãe.

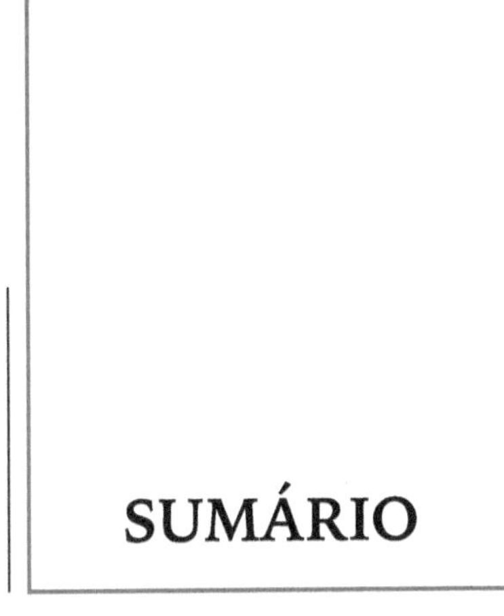

SUMÁRIO

CAPÍTULO II – A arte do sarcasmo por eles mesmos

CAPÍTULO III - Bônus: uma breve digressão sobre o "politicamente incorreto"

NOTA DO AUTOR

O Brasil, enquanto República, ainda é uma miragem; o país do futuro – tão prometido – teima em não chegar. Em *A Arte do Sarcasmo – Da Viva Alma Mais Honesta do Universo ao Capitão Cloroquina*, através do sarcasmo como sugere o título, da ironia e do humor depreciativo, não busca as razões de ainda sermos a eterna miragem, mas sim, apontar os responsáveis pela nossa miséria moral, ética, educacional, econômica... As figuras medonhas descritas nestas páginas são tratadas da mesma forma como elas tratam o País: com desprezo e troça.

Os artigos, aforismos e citações que perfazem esta obra miram os principais personagens que insistem em fazer do Brasil cada dia mais um lugar insuportavelmente pior. Personagens que estão aí há pelo menos 30, 40 anos trabalhando apenas para fazer da vida do brasileiro um horror.

E na esteira, são expostos de forma genérica ou não alguns coadjuvantes que também fazem um esforço dos diabos, dia após dia, para deixar isto aqui com cara de terra arrasada. São eles: os falsos humanistas, os ativistas, os politicamente corretos, celebridades, militantes fantasiados de professores e jornalistas, militantes de partidos políticos, chefes de sindicatos, líderes de supostos movimentos sociais, artistas da Lei Rouanet, cantores de MPB septuagenários, atores Globais, teólogos da libertação, comunistas empregados no setor público, pacifistas do ódio e humoristas sem graça. Para estes pecadores condenados pelo juízo final da história também foram reservadas algumas linhas de fina ironia no presente trabalho.

Apesar do teor sério embalado dentro de uma caixa com doses de deboche, este livro é despojado de qualquer pretensão de conscientização política e afins. Não. As pretensões aqui são bem mais sutis: a de desvendar falsos mitos e destronar a hipocrisia. Mas também, quem sabe, a conclusão desta leitura, faça com que você, amigo leitor, sinta ojeriza daqueles que sempre tiveram ojeriza por você.

PREFÁCIO

Ao primeiro contato, o leitor deparar-se-á com pelo menos três pilares que sustentam *A Arte do Sarcasmo:* a contestação, a contradição e a polêmica. No entanto, não há nesta tríade de atributos qualquer conotação negativa, mas o arcabouço de um poder criativo cuja obra reflete a controversa e intrigante trajetória intelectual do autor.

Nascido em Espera Feliz, e criado na pequena cidade de Caiana, ambas nos grotões anônimos do interior de Minas Gerais, Paulo Faria apresenta na dinâmica da linguagem influências de suas raízes rurais e elementos derivados da contracultura, num estilo que transita entre o culto universal e o coloquialismo regional. De origem camponesa, desde cedo se considerou deslocado de seus pares, pois apesar da identificação com o cenário bucólico que via pela janela, nutria-se pelo irresistível desejo de desvendar o mundo exterior. Por isso fez dos estudos, dos livros, das revistas e da televisão o passaporte para explorar terras distantes. Assim, conciliando sofisticação e simplicidade, aprendeu sobre cinema, arte, música e cosmopolitismos sem abrir mão dos recônditos da roça, internalizando uma peculiar miscelânea cultural que vai do perfil erudito aos chavões populares.

Parte desse conhecimento acumulado desabrochou-se quando, aos 20 anos de idade, junto de outros amigos, fundou em Espera Feliz um periódico chamado Catálogo Cultural A Margem, cuja linha editorial de teor pop pautava-se em quatro assuntos distintos: arte, política, sociedade e comportamento. Desde então, fez da vocação para a escrita um mecanismo para expor seu fervilhante universo particular, produzindo e publicando resenhas de álbuns musicais, filmes, bandas de rock, artigos de opinião e crônicas variadas. Atualmente mantém uma coluna no site Portal Espera Feliz e, esporadicamente, colabora com a plataforma digital Whiplash.

De personalidade intensa e inconformada, Paulo Faria se destaca – para o bem ou para o mal, conforme a interpretação de quem o lê – pelos ácidos artigos que publica. Insatisfeito principalmente com os escândalos políticos e discursos demagogos, e alinhado ao trabalho do escritor Nelson Rodrigues e de jornalistas consagrados como Paulo Francis, Augusto Nunes e J.R. Guzzo, o autor de *A Arte do Sarcasmo* se debruça no combate a determinadas vertentes político-ideológicas, com maior ênfase ao fenômeno "lulopetista" e aos atuais princípios formadores das esquerdas brasileiras. Para alguém que, na juventude remota, votava no Partido Socialista dos Trabalhadores Unificado (PSTU) e que hoje se assume um direitista convicto, tal mudança pode soar radical. Mas este aparente traço extremista se justifica pelo seu espírito contestatório frente a frustrações com ideologias que, segundo ele, não passam de militâncias fajutas e ultrapassadas.

Por outro lado, utiliza-se das próprias contradições como uma espécie de chacota para as abordagens que faz. Com dois diplomas de graduação no currículo (Letras e História), Paulo Faria entrecruza academicismo intelectual com jornalismo de opinião. Ao mesmo tempo, escreve como quem compõe letras libertárias de viés punk (gênero, aliás, que orientou os primórdios de seu gosto musical), mas constrói argumentos baseados em valores tradicionais e conservadores. Para uns, tal dicotomia representa a voz de uma classe há muito amordaçada pelo espectro do politicamente correto, para outros equivale a uma compreensão distorcida e conspiracionista da realidade. Talvez seja este jogo paradoxo que torna sua escrita um tabuleiro autêntico de ideias

Por isso, uma coisa é certa: inconsciente ou intencionalmente este livro funciona como uma verdadeira usina de polêmicas, já que o sarcasmo anunciado desde o título é a principal engrenagem criativa de seu autor.

Portanto, independente se irônico ou fidedigno, sério ou debochado, lúcido ou ambíguo, Paulo Faria demonstra em *A Arte do Sarcasmo* sua melhor performance: a de um genuíno e inveterado provocador. Pois não pretende encerrar verdades absolutas, tampouco ditar regras feito uma bula do bom pensar. Mas através de seu humor vertiginoso e de suas colocações impactantes, a principal intenção desta obra é instigar sensações – sejam elas quais forem.

Pois Paulo Faria detém a rara capacidade de romper barreiras entre leitor e tema, transformando o texto na própria experiência.

Farley Rocha
Professor, poeta e cronista

"O Brasil é um asilo de lunáticos onde os pacientes assumiram o controle"

(Paulo Francis)

CAPÍTULO I

O circo da política brasileira e a arte do sarcasmo

LULA, O SOCIOPATA

O STF soltou Lula. O STF usou de todas as piruetas jurídicas possíveis para livrar da jaula Lula, mesmo que para isso nossa Suprema Corte desavergonhadamente tenha posto em liberdade milhares de outros bandidos de variados prontuários, porque imagine só ter de deixar engaiolado o Pai dos pobres que conseguiu o milagre da multiplicação de miseráveis. Não pode. Não dá.

Com a soltura do nosso Al Capone de Garanhuns o STF provou – além de ser um balcão de favorecimento ao crime – que o sistema prisional brasileiro de fato não regenera ninguém, pelo contrário, piora. Lula piorou.

Bastaram alguns segundos fora do xadrez que a primeira coisa que o sr. da Silva fez foi se reunir com parte da maior quadrilha de todos os tempos em cima de um palanque para de lá destilar ódio contra tudo e contra todos, incitar violência civil e defender ladrão de celular. Este último até faz sentido: Lula fez questão de provar que deve haver honra e colaboração entre comparsas de crime.

Dizer que o nosso sitiante mais famoso é o maior ladrão que o Brasil já conheceu é a mais infame das redundâncias. Lula é megalomaníaco, cleptomaníaco – um sociopata. Ainda preso, em agosto de 2019, Lula concedeu uma entrevista para a TV Educativa da Bahia, e na ocasião disse que "desde 1974 não põe uma gota de álcool na boca". Isso mesmo, e faço questão de repetir em letras garrafais: LULA DISSE QUE NÃO BEBE DESDE OS ANOS 70. Mentir assim é pior que roubar o País inteiro e transformá-lo num puteiro. A afirmação certa seria dizer ao jornalista que o entrevistou que não trabalha há 45 anos e que desde então só vive de vagabundagem e crimes.

O STF soltou Lula e embora este senhor acumule nove processos e duas condenações, dificilmente o veremos atrás das grades novamente. Mas não importa o que seus cúmplices façam; a própria história vai se encarregando de fazer justiça. O homem que se iguala a Jesus cristo, mas que ao sair da cadeia ignorou sua esposa, irmão e neto mortos, e que só gosta de cadáveres quando dá para subir em cima para fazer comício, transformou a si mesmo num zumbi que só consegue arrancar aplausos de plateias amestradas.

*Quando a polícia resolveu meter a
cara com um mineirinho
safadinho e um vampirão deixando
a concorrência eufórica...*

LULA, AÉCIO E A MORALIDADE RELATIVA

Dia 17 de maio de 2017, por volta das sete e meia da noite, o jornalista Lauro Jardim divulgou no site do jornal "O Globo" a reportagem apurada por ele, cujo teor provocaria a maior hecatombe na política da história recente do Brasil. Num espaço de pouco mais de 12 horas, o então presidente da República, Michel Temer, virou alvo de vários pedidos de *impeachment* (além de um inquérito instaurado) contra ele, seu governo perde grande parte de sua base aliada, um deputado é afastado pelo STF, um senador tem sua casa revirada pela Polícia Federal (e também é afastado do cargo pelo STF), a irmã e o primo do referido senador são presos, e para completar, é obrigado a deixar a presidência de seu partido... é a outra metade de um governo que já nasceu podre morrendo de metástase.

E no meio dessa barafunda toda habitam duas espécies, que assim como a jabuticaba, só existem no Brasil: os "coxinhas" e os "mortadelas". Essa gente, que orbita principalmente as redes sociais, são seres que seguem meliantes de facções políticas e professam sua fé em ideologias cegas. São justiceiros seletivos que agem com extrema distinção quando se trata de tentar apontar os crimes dos chefões da quadrilha alheia.

Com a devassa protagonizada por esta operação da Polícia Federal, os seguidores destas seitas surgiram encarnados em dois tipos: os defensores de Lula, e em menor grau, os de Aécio Neves. E não importa em quantas delações premiadas esses dois senhores caíssem, quantos milhões fossem desviados ou quantas provas de crimes aparecessem contra eles. Neste específico episódio de House of Cards à brasileira, os romeiros de plantão ensaiaram um culto grotesco pelas redes apontando o dedo da moralidade hipócrita contra seus rivais de fé na tentativa de depurar os crimes de seus dois deuses. O clamor por justiça, neste caso, é relativo: só vale se um lado for decapitado e estrebuchar em praça pública; e relativismo sobre criminalidade política é apenas um expediente torpe dos cafajestes, sejam eles defensores de uma bandeira vermelha ou azul.

No Fla-Flu da politicagem canalha que os integrantes dessas tribos jogam existe certo tipo sadismo que os leva ao êxtase – prazer advindo da competição pelo prontuário de crimes que o adversário coleciona. Apenas isso – a diferença na quantidade de delitos entre uma facção política e outra – basta para se sentirem moralizados e arrebatados dos próprios erros.

Quando o ex-presidente Lula foi pego em grampos telefônicos com a também ex-presidente Dilma armando altas maracutaias não faltou quem dissesse "essa culpa eu não carrego, votei no Aécio", logo, os crimes deste estavam redimidíssimos. Porém, quando quem estava no cadafalso era o Aécio, a tigrada seguidora de Lula expurgava todos os pecados do chefe.

No apocalipse provocado pelos oradores dessas seitas sem santos, ninguém tem salvação.

***

É até difícil de acreditar que além do bolsonarismo e lulismo tivemos por um breve período o "aecismo", e isso foi há pouco tempo. Nada de anormal. É só o Brasil sendo Brasil...

***

Aécio Neves da Cunha foi eleito deputado federal por Minas Gerais nas eleições de 2018 com 106.702 votos.

*Quando a "política" evolui,
e caixão e dentadura deixam de
fazer sucesso com a clientela...*

A POLÍTICA DO CHURRASCO COM GASOLINA

Na época em que na antiga Roma começou a ser realizada a política do "pão com circo" ninguém poderia imaginar como ao longo do tempo essa 'despolítica' iria evoluir e se difundir. Principalmente no Terceiro Mundo. Aliás, mais precisamente nas cidades do interior brasileiro.

Quando são chegadas as eleições municipais e os ânimos, como sempre, se aquecem quase que de forma generalizada, as pessoas vibram, xingam, balançam bandeiras como numa final de Copa do Mundo. Para elas, as eleições costumam ter só dois lados: o "bom" e o "ruim". O "bom" é o meu lado; "o ruim", o dos outros. Agem como se o ser humano (no caso os políticos e partidários) fosse algo feito de emoções totalmente díspares: ou um anjo de candura ou o Satanás...

Na outra ponta, estão os políticos prontos a dar combustível a essa massa. Literalmente, e de quebra, um churrasquinho e algumas grades de cerveja.

Isso é algo que sempre aconteceu em eleições municipais, porém, embora a justiça eleitoral proíba esse tipo de prática, o ato tornou-se tão comum que já virou "carne de vaca" (com perdão do trocadilho).

Assim sendo, eleitores munidos de seus veículos fazem fila para garantir seu sacrossanto combustível semanal, e a alegria se torna plena quando nos comícios – ou como dizem por aqui, no meu interiorzão – "encontros da família X", a churrascada e a 'cachaçada' rolam soltas. Dentadura e caixão são itens que já não chamam mais tanta a atenção.

Essa nova modalidade, batizada por este que vos escreve como a "política do churrasco com gasolina" é a metáfora perfeita para sintetizar as aspirações do eleitorado moderno, o do século XXI, sobretudo, nos maiores grotões desse Brasil de Meu Deus. Ora, um político é apenas o reflexo daquele que o elege. É o eleitor que constrói um político, e se este for bom ou ruim, a responsabilidade é inteira do votante. A melhor qualidade ou o pior defeito que um político pode ter são seus eleitores. É um clichê, mas é a verdade.

É fácil dizer que a culpa é do "sistema" (sempre ele); que as coisas são "assim mesmo", mas, para tirar uma conclusão mais racional é preciso levantar a seguinte questão: quem veio primeiro, o eleitor ruim ou o político ruim? Não há como separar essas duas coisas, pois, ambas são produtos uma da outra. A culpa talvez seja da nossa história, da nossa cultura, do nosso jeitinho brasileiro, da nossa 'deseducação'...

Eleitores ruins produzem políticos ruins, que produzem educação ruim, que produz eleitores ruins. Simples assim. Só não dá para saber a ordem em que começa o quê.

Mas o que importa? A política do "churrasco com gasolina" (que no Nordeste pode ser a da "buchada de bode com farinha" ou no Sul a do "chimarrão com charque"...) é o que o povo conhece como a arte de fazer política. O negócio é a gasolina no tanque, o churrasco no prato e a cerveja no copo, já que "depois", como dizem muitos, "eu não vou ter nada mesmo".

E assim vamos seguindo sendo "bestas contentes", nos tornando vítimas inconscientes de nós mesmos.

ARTISTAS E PROFESSORES QUE DEFENDEM LULA: IGNORÂNCIA OU MAU-CARATISMO?

O julgamento em segunda instância do ex-presidente Lula, ocorrido no dia 24 de janeiro de 2018, expôs mais uma vez a polarização irracional da política brasileira. Porém, desta vez, o eco que se formou nas redes sociais tomou ares de guerra virtual; uma guerra quase sangrenta entre os que acreditam que Lula é "a viva alma mais honesta do universo" e injustiçada, e os que acreditam naquilo que ele é: um ladrão.

E por que é grave? Ora, um ex-presidente é acusado de ter recebido propina; é condenado em primeira instância por um juiz federal; sua condenação é ratificada por um colegiado jurídico e a galáxia inteira está errada: só Lula está acima do bem e do mal. No embalo, nossos formadores de opinião que estão na TV, na internet ou nas escolas endossam isso descaradamente, sem um pingo de compromisso com a verdade. Para estes, o que vale é apenas que sua crença seja partilhada ou admitida. No grito.

Não é novidade que a esquerda em geral e especificamente o PT nunca tiveram apreço pela democracia, que vivem insultando o estado democrático de direito, que exploram a miséria do povo em torno de seus projetos criminosos de poder, e usam suas massas de manobra para atacar qualquer um que discorde.

São ótimos, inclusive, para criar bordões os quais seus séquitos repetem como mantra para dar legitimidade aos seus delírios: "é golpe", "é perseguição", "é ditadura judiciária", "não tem provas", etc. Essa gente ignora a realidade, trucida a lógica e assassina a verdade; sem pudor, sem vergonha nenhuma.

Se você os confronta com os fatos a verborragia vai do mais simples "ah!, mas os outros também 'róba!'" aos diversos xingamentos: "coxinha!", "reaça!", "fascista!". Nos seus devaneios a justiça só é boa se absolver Lula. Não existe minimamente a chance de um debate. Cegamente, os que militam pela causa entoam sempre a mesmíssima retórica clichê parida sob medida para ser usada contra qualquer argumento sério: que o filho da empregada pode frequentar a mesma faculdade do filho do patrão, que pobre passou a poder andar de avião, que todo brasileiro pode fazer três refeições por dia, e que a miséria sumiu. Papo de vigarista. Na verdade, o legado que ficou foram 52 milhões de miseráveis (segundo o IBGE), um rombo bilionário nas contas públicas, 13 milhões de desempregados e uma quadrilha saqueando as estatais.

Quando artistas tomam a linha de frente para defender o indefensável, no caso Lula e o restante do bando, não é tão difícil saber os motivos. Basta uma breve pesquisa no histórico de alguns destes cidadãos em relação ao uso do dinheiro público na era petista e você terá sua resposta. No caso dos professores a coisa toma ares de patologia. Pessoas que estão na sala de aula e que deveriam ser exemplo – pois são formadores de opinião – se veem refletidos em um criminoso condenado e ainda fazem questão de manifestar publicamente sua devoção a um corrupto. Não por acaso, são estes mesmos professores que reclamam da violência em sala de aula, do estado sucateado da educação brasileira, dos seus salários de fome, etc.

Professores que defendem Lula são desprovidos de conhecimento ou usam de mau-caratismo para professarem sua fé cega em um homem, em um partido que se tornou seita? Seja qual for a resposta, é medonha.

Por mais livre e democrático que seja o direito de expressar ideias, uma nação que é refém de formadores de opinião que saem em defesa de criminosos é uma nação presa ao obscurantismo, doente e fadada ao retrocesso perpétuo.

Essa inversão, num país segundo o qual o juiz é o bandido e o bandido é um perseguido, diz muito sobre o tipo civilização que somos.

Como o Brasil é um país de muitas facetas na picaretagem, uma muito eficiente, e que a cada quatro anos passa incrivelmente despercebida pelo Ministério Público, é a malandragem da "cultura do cabidão de empregos", que você pode chamar também de... TETA!

PREFEITO, ME DÁ UM EMPREGO AÍ!

O Brasil é este país que tem a incrível capacidade de nunca nos decepcionar. Nunca. Quando algo está ruim, sempre há espaço para ficar pior. Vide o desastre econômico produzido pelo PT nos 13 anos, quatro meses e 11 dias que esteve no poder. Vide a delação dos "77 da Odebrecht" que nivelou ao nível do esgoto igualmente todos os cafajestes que nos governam ou já nos governaram.

Mas enquanto a canalhice está no plano Federal é fácil questionar, berrar, espernear, porém, quem mora em cidades do interior invariavelmente também é vítima frequente de algum tipo de gatunagem ou politicagem visando ao benefício próprio de quem está no poder ou de sua trupe de privilegiados; e questionar é mais complicado, pois, em microcidades tais como a minha onde "todo mundo conhece todo mundo", nunca nos ficam tão claras as mutretas oficias.

Nestas pequenas cidades não são muito diferentes do que acontece no resto desse nosso Brasilzão; o que muda é a forma e a proporção. Um exemplo bizarro da politicagem 2.0 do interior, por exemplo, é a compara de votos. Esse *modus operandi* é atroz, pois macula a democracia desestabilizando o jogo eleitoral. Pior ainda, é a compara de votos a prazo: a promessa de emprego.

Muito comum em cidades que não passam de 20 mil habitantes em época eleitoral é a promessa de emprego, a promessa de um "carguinho", de um "encosto" na prefeitura, que se feito em demasia, cria uma situação perversa se concretizada: o inchamento da máquina pública que consequentemente compromete o bom funcionamento da administração. Esse inchamento da máquina administrativa com gastos absurdos na folha de pagamento com pessoal privilegia uma fração da sociedade enquanto ao resto da população é delegada a sobra. Enquanto a maior parte do povo padece dos itens mais básicos, cidadãos selecionados vivem como marajás boiando no remanso de algum cargo público criado sob medida, na maioria das vezes, apenas para quitar acordos de campanha.

A desculpa dos prefeitos é que o aumento de servidores é para "servir melhor a população", mas a verdade é que enquanto o dinheiro é escoado para manter a mamata de uma casta de apaniguados, o Zé Povinho continua lá, à margem, esperando que caia alguma migalha. Nesse joguinho, o "Zé" que não tem um sobrenome "famoso" na cidade é obrigado a dormir na sua insignificância. A eleição não foi para servir a ele.

Outro tipo de perversidade merece destaque: um político que promete um cargo em troca de votos explora de modo cruel a necessidade, a consciência ou talvez até a miséria de algum cidadão. O não cumprimento seria como destruir um sonho.

Num país com 14 milhões de desempregados quem tem um emprego é rei.

Mas aí vêm as outras questões: as questões fiscal e administrativa. Seguramente, se 40% dos servidores de cidades de micro porte desaparecessem como num passe de mágica, é bem possível que você nem notasse ao procurar uma repartição pública. É bem provável, inclusive, que o atendimento ao público até melhorasse em virtude do rareamento da aglomeração de pessoas, de parte da ineficiência e da burocracia administrativa.

Não se trata aqui de demonizar o servidor ou o serviço público; óbvio que não. Ainda mais num país em que aquele servidor público que varre rua, ensina, cuida da saúde das pessoas e nos protege da violência é alvo da mesquinharia dos políticos que o acusa de "estar quebrando o Brasil". O que devemos demonizar é essa "cultura do emprego pelo emprego" (em outras palavras: teta!) das nossas cidades e a apropriação disso por políticos mal-intencionados que visam apenas a se locupletar no poder.

Infelizmente, a patifaria que nos cerca é um mal crônico, cria da incompetência e má-fé dos políticos, sobretudo, daqueles mesmos candidatos de sempre que há décadas se revezam no poder, fazendo a famosa "dança das cadeiras". As mesmas figuras de sempre agindo da mesma forma a cada quatro anos. Muito cômodo: é mais fácil usar a prefeitura como um grande cabidão, que fazer políticas públicas eficientes.

Por aqui já poderiam extinguir a profissão de prefeito. Bastaria arranjar um gerenciador de emprego público a cada quatro anos.

É incrível, mas nas eleições de 2018 houve um candidato que a nossa maravilhosa mídia "esqueceu" solenemente. Lembra-se dele?

O CANDIDATO
DO SISTEMA

Nunca nutri nenhuma simpatia pelo candidato Ciro Gomes. É um ser demagogo por excelência, populista, hipócrita e temperamental. É mentiroso e conveniente quando isto pode lhe trazer ganhos políticos, e invariavelmente cai em suas próprias contradições. Sempre apoiou Lula, Dilma e Temer e tudo o que há de mais abjeto na política brasileira em seus mais de 30 anos de vida pública; e ainda hoje, brada aos quatro ventos que Lula é inocente (mesmo sabendo que não é) numa desfaçatez sem-vergonha apenas para tentar herdar votos do PT. Enfim, é o velho político brasileiro travestido de velho político brasileiro.

Mas é inegável também que Ciro é inteligente, tem uma ótima retórica e conhece muito bem os problemas pelos quais o país está passando, porém, não acho que conseguirá algum dia resolver quaisquer uns com sua aura populista do século XX. No máximo vai deixar o Brasil com a cara do estado do Ceará.

Mesmo com as características bastante evidentes de Ciro Gomes que listei acima, depois do debate da BAND à época das eleições, houve uma força-tarefa excessiva por parte da grande imprensa para desconstruir a imagem do candidato. Na semana que se seguiu ao debate o presidenciável foi alvejado pelos principais veículos de comunicação, e o mesmo aconteceu com outro presidenciável, Jair Bolsonaro. Como segui atentamente o que os grandes veículos de imprensa produziram acerca dos nossos candidatos ao Planalto, em 2018, me chamou a atenção a ausência de qualquer nota negativa nos dias que se seguiram sobre Geraldo Alckmin. Nadinha de nada

O candidato é alvo de vários inquéritos, se uniu com o que há de pior na política brasileira para ganhar tempo de TV, e a imprensa finge que o sujeito não existe.

É nosso dever defender incondicionalmente as liberdades individuais e a liberdade de imprensa. Um país só é democrático e livre se sua imprensa também for livre. Portanto, devemos ser contra qualquer tipo de censura, por pior que um veículo de imprensa se comporte. Porém, fazendo uma leitura mais profunda do que os nossos principais meios de comunicação reproduziram naqueles dias, percebi que havia, sim, um movimento de forma a atacar alguns candidatos e proteger outros. Esse movimento me pareceu casuístico, pois, o mercado e a imprensa querem estabilidade, portanto, precisavam de um presidente que mantivesse o tal "sistema" de pé.

Lula (que à época estava jogando xadrez no xadrez) seria este candidato, mas 12 anos de gaiola atrapalharam os planos. E por que seria? Ora, Lula, até então, era o único que tinha bases sólidas com seus eleitores. Era o homem que conseguiria dialogar com os militantes, pastorando-os, com trânsito entre as elites (que demagogicamente ele tanto esbraveja contra), com os banqueiros, com as empreiteiras, com a classe artística, com os professores, com o STF, com os universitários que chegam à universidade semianalfabetos e ainda conseguiria manter a massa de pobres e miseráveis caladas através de esmolas populistas.

Mas com Lula ausente, quem seria o escolhido para manter o "sistema"? Geraldo Alckmin me pareceu o nome mais óbvio. Tem um discurso polido, não é temperamental, apaziguou suas bases políticas e dera sinais de estabilidade ao tal mercado financeiro. Tudo o que establishment precisava através de uma carcaça com 40 anos de vida pública.

Ciro Gomes e Jair Bolsonaro não são santos. E deve ser por isso que, por aclamação, a grande mídia escolhera como candidato favorito o "Santo" do setor de propinas Odebrecht.

Escrevi este artigo para o site Portal Espera Feliz em agosto de 2018. Uma parcela de bolsonaristas me atacou nas Redes julgando-o apenas pelo título, que se trata de uma ironia, óbvio. Tive uma amostra grátis do que era esse tal de "bolsonarismo"...

ELEITORES DE JAIR BOLSONARO: ASSASSINOS EM POTENCIAL

A julgar pelo que se diz sobre o candidato do PSL, Jair Bolsonaro, como sugeri no título, a coisa vai desse nível para baixo. Na verdade, pelo que se diz sobre qualquer candidato atualmente, pois o brasileiro perdeu completamente a noção e o bom senso.

Em conversa com um amigo, esclareci que não escreveria nada a respeito do candidato Jair Bolsonaro durante o pleito de 2018 em nenhuma plataforma midiática, em que colaborava na época, pelo simples fato de não querer falar sobre ele; e que num eventual segundo turno, este que vos escreve seria seu eleitor (pelas promessas liberais de campanha); por isso, não acharia cômodo ou de bom tom explanar quaisquer opiniões sobre o candidato.

Previsivelmente, quando chegou outubro de 2018, na cédula tivemos candidatos para todos os desgostos: de um terrorista (Boulos) a um admirador de torturadores sanguinários (Bolsonaro). Assim sendo, se essa nossa democracia doente nos oferece isso, é natural que qualquer um de nós opte por algum, sem ter que dar elucidações a quem quer que seja.

Mas afinal, por que mudei de ideia e escrevi um artigo à época sobre Bolsonaro?

No dia 04 de agosto de 2018, um professor de Biologia, suposto admirador de Bolsonaro, espancou e matou a esposa advogada de forma truculenta. A monstruosidade do ato vocês podem conferir em vídeos que circulam por aí na internet.

Pronto. Como o assassino era um possível entusiasta do candidato do PSL, nas redes não faltou quem associasse o crime à simpatia do professor pelo presidenciável. Mais: em vários posts espalhados pelo Facebook e Twitter, muitos creditaram que eleitores do Bolsonaro são gente dessa extirpe: potenciais assassinos, misóginos, torturadores, homofóbicos... e por aí vai.

O grau de loucura dessa gente beira a insanidade, mas como estou falando por mim, devo dizer que não me considero um psicopata ou assassino em potencial (pelo menos os psiquiatras que já frequentei me garantiram isso).

Portanto, por definição e baseado na concepção destes malucos de que um assassino é um assassino porque apoia

Jair Bolsonaro, encerro fazendo as seguintes considerações:

• São ladrões, corruptos, batedores de carteira e lavadores de dinheiro TODOS que votam em Lula ou no PT;
• Odeiam criancinhas e desejam que elas sejam privadas de sua merenda escolar TODOS que votam em Geraldo Alckmin e no PSBD;
• Gostam de consumir uma ervinha proibida TODOS que votam em Marina Silva e Eduardo Jorge;
• Precisam de um psiquiatra (ou de um exorcista) TODOS que votam em Ciro Gomes;
• São terroristas e apaixonados por criminosos TODOS que votam em Guilherme Boulos e no PSOL.

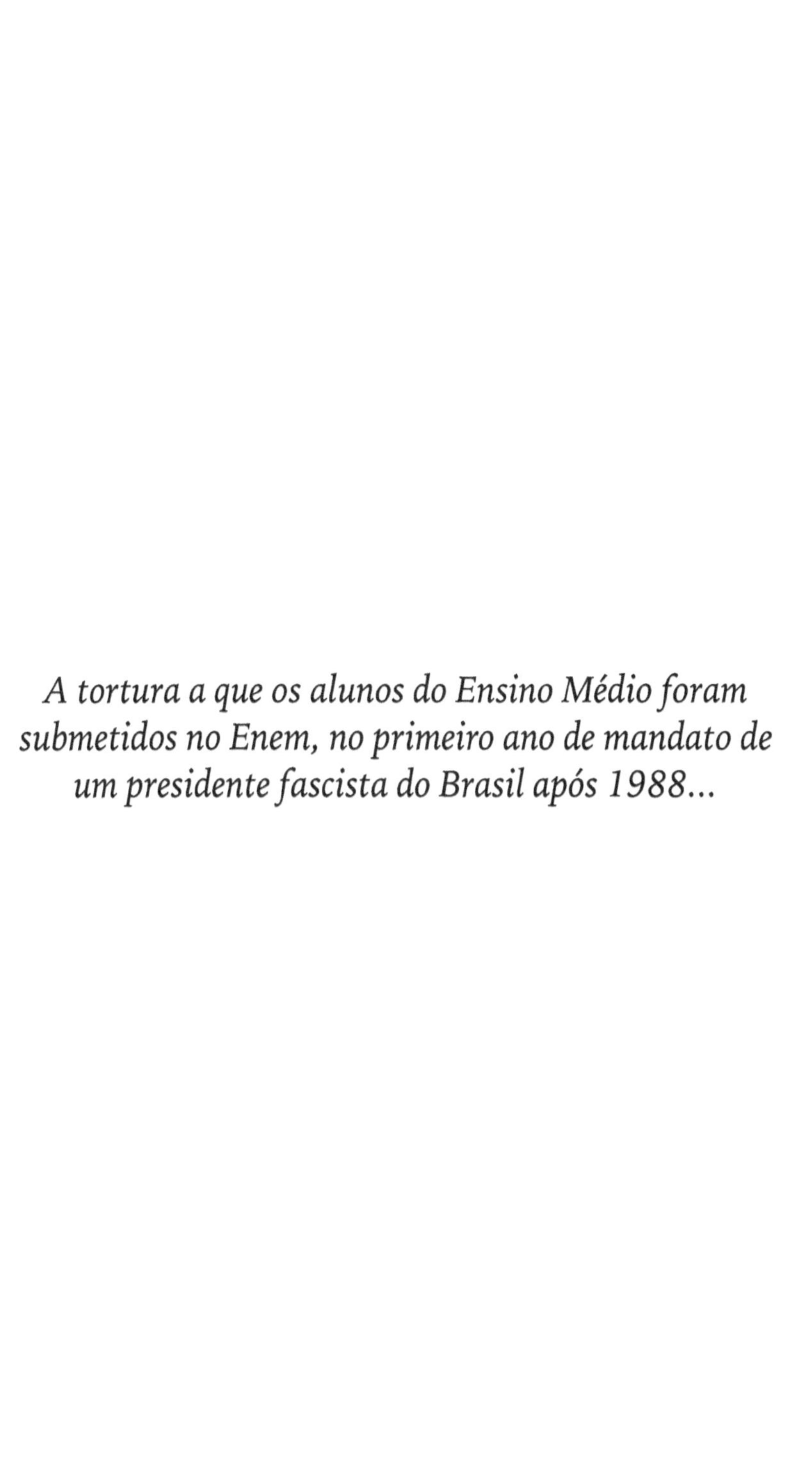

A tortura a que os alunos do Ensino Médio foram submetidos no Enem, no primeiro ano de mandato de um presidente fascista do Brasil após 1988...

REDAÇÃO DO ENEM 2019 E O CORO DOS DESCONTENTES

Já não é nenhuma surpresa que cada edição do Exame Nacional do Ensino Médio seja envolvida em polêmica, e isso não seria diferente em 2019. E as polêmicas sempre giram em torno de questões supostamente "ideológicas" ou do tema da redação que entra ano e sai ano é sempre considerado por muitos alunos e professores como "difícil", "irrelevante" ou "inesperado"; mas nesse ano tivemos um ingrediente a mais: como agora o Brasil vive sob a égide de um governo "fascista", qualquer tema que caísse despertaria sem a menor sombra de dúvida a ira cacofônica dos insatisfeitos.

Mas afinal, há alguma coisa de errado com o tema "Democratização do acesso ao cinema no Brasil"? Nada. Zero. Pelo contrário, o tema é muito interessante e relativamente fácil se comparado ao tema exposto em 2018: "Manipulação do comportamento do usuário pelo controle de dados na internet".

É clichê, mas o óbvio, e o que muitos teimam em ignorar é que o problema está, na verdade, no nosso maravilhoso sistema de ensino público, pois vamos combinar: deve ser uma tortura para um aluno do Ensino Médio tentar juntar as palavras "democracia" e "cinema" e redigir um texto de 30 linhas com uma argumentação minimamente coesa se a vida inteira ele aprendeu na escola um conceito torto sobre democracia e nada sobre cinema.

Por isso, não é de se estranhar que milhares de jovens que têm no currículo apenas textos lacradores do Quebrando o Tabu, Catraca Livre e Gregório Duvivier tenham se surpreendido com o tema ou encontrado dificuldade. É só a matemática da obviedade batendo à porta.

Engana-se quem pensa que esse é um drama que acomete apenas alunos do Ensino Médio. Não é. Sem generalizações, basta visitar uma sala de aula de uma turma de Humanas, principalmente História e Sociologia, e perguntar o que é *Nouvelle Vague*, *Cinema Novo*, *Boca do Lixo* e quem é Truffaut. É bem provável que alguém responda respectivamente que se trata de sinônimos de novelo ou tela nova, uma música da Sandra de Sá e uma palavra em francês para designar 'trufas'.

E se tragédia pouca é bobagem, o restante que vocifera enfaticamente que o tema do Enem de 2019 "não tem profundidade" ou não cumpriu seu "papel social" faz parte da galeria dos que entoam o coro dos descontentes sobre qualquer coisa ou movimento que o atual governo faça. Já que para estes não existe salvação, só resta esperar pelo choro coletivo dos próximos anos.

Lulismo, petismo, chavismo, bolivarianismo, marxismo, castrismo, trotskismo são todos variações de uma coisa só. E vão por mim; não presta!

LIBERTE-SE DO SEU ESQUERDISMO. LIBERTE-SE DO SEU PETISMO

Em algum momento da vida a lucidez brinda um ou outro com uma luz divina que os faz abandonar dogmas. O fim de toda utopia é o início de nossa era de aquário.

Eu sempre repito que fomos desgovernados durante 13 anos, quatro meses e 11 dias por aquilo que foi descrito pela nossa elite "pensante" como o "governo de origem popular". Na verdade, foi apenas uma quadrilha que assaltava sindicatos e passou a assaltar um país. Muito simples. E como toda quadrilha desse naipe, a embalagem, óbvio, era a de redentora dos pobres e oprimidos, das causas sociais, do direito de o negro poder frequentar uma faculdade, de o filho da empregada poder andar de avião, entre outros discursos rasteiros que não param em pé quando confrontados com a verdade. E foi aí que a gente se perdeu, no debate das ideias. É que uma parte da sociedade parece ter parado no tempo; teve suas consciências anestesiadas por uma retórica de Messias de botequim.

E o que parecia uma inocente retórica conseguiu dividir uma nação: o "nós" contra "eles", ou seja, o pobre contra o rico, o negro contra o branco, os héteros contra os gays e seus derivados, enfim, este discurso penetrou nas mais diversas camadas da sociedade (igrejas, escolas, universidades) e deu no que deu.

A coisa que de partido político virou quadrilha, e que de quadrilha virou seita causou uma cisão entre os romeiros do lulopetismo e o resto. Os romeiros, hoje, são minoria, mas uma minoria desesperada, barulhenta, que no seu afã de justificar a roubalheira de seu mestre "confunde" roubo com assistência social.

Durante algum tempo, era quase um crime alguém assumir não pertencer mais ao esquerdismo/lulopetismo; acreditar na culpa do

Lula; assumir-se de direita. Este último então, uma infâmia!, afinal, a direita odeia o pobre e pobre não pode ser de direita. Tim Maia estava errado.

Essa falsa narrativa que se ensina nas escolas e nos cursos de Humanas, e que de lá pulou para as redes sociais, é o exemplo acabado do sequestro intelectual e moral que os formadores de opinião e os comunistas parasitas do estado fizeram com a sociedade brasileira.

Os que militam no esquerdismo/lulopetismo se vendem como guardiões de uma virtude que supostamente só eles detêm: a de possuir o monopólio do bem. A eles pertencem o garantismo das causas nobres: as do direito dos gays, dos miseráveis, dos negros, das mulheres, dos quilombolas, dos índios, das minorias, etc. etc. etc.... mas não ouse confrontar esse discurso dos supostos redentores da benevolência social com números que mostram o milagre da multiplicação dos pobres, dos sem-terra, dos sem-teto, dos sem--emprego... Nunca o faça, a não ser que você queira correr o risco de ser xingado daquela palavrinha mágica: fascista.

Estes ardorosos filhos de Marx, devotos de Fidel e Lula não acreditam que possam existir "pessoas de bem", afinal, são eles a própria encarnação do "bem"; são os tais que militam contra o discurso de ódio (a não ser se você se declarar eleitor de algum candidato de direita). São verdadeiros democratas que enxergam democracia na Venezuela e Cuba e um golpe de estado no Brasil em 2016. É a nata pura e fina da nossa elite cultural que adoram terceirizar nossas mazelas: a culpa sempre foi e sempre será dos norte-americanos, do grande capital, dos patrões, da burguesia. São os garantidores das causas dos pobres. São eles, com raríssimas exceções: chefes de sindicatos, líderes de supostos movimentos sociais, artistas da lei Rouanet, cantores de MPB septuagenários, atores Globais com residência em Paris, militantes do PSOL, teólogos da libertação, comunistas empregados no setor público, jornalistas que recebem verbas do estado, humoristas sem graça, professores universitários e alunos destes professores. Com um timão desses na defesa de uma causa tão nobre está explicado por que no Brasil nos últimos anos foram produzidos 50 milhões de desvalidos.

O filósofo Luiz Felipe Pondé em um de seus ensaios disse que "a esquerda tem fetiche por pobre". Eu vou além: esse povo na verdade odeia o pobre. Só um tipo de psicopata poderia desejar para o pobre um modelito ao estilo de Cuba ou Venezuela. Roberto Campos estava certo.

Enfim, essa gente bacanérrima tem uma visão muito paradoxal das coisas: enxergam movimentos sociais onde gente normal enxerga terrorismo; enxergam uma viva alma honesta em Lula onde só se vê um chefe de quadrilha; gente que tem em Dilma uma mulher honrada onde só existe uma farsa. Aliás, farsa foram os 13 anos em que a quadrilha se pendurou no poder, mas para os peregrinos que confundem comício com missa, ideologia vale mais que cifras surrupiadas; paixão vale mais que números.

Nelson Rodrigues disse que "a liberdade é mais importante que o pão". É isso. Qualquer um que se liberte dos seus dogmas fará um bem recíproco: estará libertando o lado oposto também de retóricas, explicações e discursos infindáveis que não levam a lugar nenhum. É preferível o silêncio a rebater pessoas que têm no juiz Sérgio Moro um agente da CIA; que chamam por golpe impeachment. Poupará, inclusive, de tentar convencer que até o ex-presidente Vampiro foi uma herança maldita do PT.

Na impossibilidade do silêncio, prefira a ironia, o sarcasmo, o bom humor. Estas sim são armas infalíveis para conversar com pessoas que em pleno século XXI têm a cabeça estacionada no século XIX.

*O que seria do Brasil sem os bravos
resistentes do Twitter...*

RESISTÊNCIA

No momento em que este que vos escreve preparava um texto sobre o povo engajado na "resistência", eis que coincidentemente o jornalista J. R. Guzzo, com todo seu brilhantismo, nos presenteia com um excelente artigo batizado de "Resistentes", publicado na edição impressa da revista Veja do dia 18 de novembro de 2018.

No citado artigo, Guzzo desconstrói o teatro travestido de engajamento dos perdedores que de birra estão resistindo... a nada! É como o jornalista narra fantasticamente numa das passagens do artigo: *"não se trata simplesmente de fazer oposição. Trata-se de anunciar ao Brasil que os derrotados não aceitam o resultado estabelecido pelos eleitores; não valeu, dizem eles, porque só a gente tinha o direito de ganhar. A palavra "resistência" soa bonito, como em filme americano de guerra, mas naturalmente não é nada disso. É como se não tivesse acontecido nada em 28 de outubro de 2018 — ou, mais ainda, é como se Bolsonaro tivesse perdido as eleições e o PT tivesse ganhado. O resultado é o que aparece todo dia no noticiário: uma coleção de alucinações, que a imprensa quer desesperadamente que você leve a sério, apresentadas como se fossem ações de combate contra o "avanço do fascismo" etc. etc. Que ações? Que combate? Vai saber. Qualquer coisa serve"*.

É isso aí; "qualquer coisa serve", porque o que importa mesmo, no Brasil de hoje, é ser um militante disfarçado de combatente. E embora J. R. Guzzo, em linhas gerais, tenha falado sobre os resistentes "empoderados", aqui, tratarei de discorrer sobre os resistentes "médios".

Nossos resistentes médios, que estão alguns degraus abaixo de Felipe Neto (???), Kéfera (???) e outras nulidades mais, já se encontravam resistindo antes mesmo da atual "resistência". Uma safra mais antiga estava lá, durante o escândalo do Mensalão, gritando palavras de ordem contra o ministro Joaquim Barbosa, que enquadrava de jeito o núcleo duro do PT.

Já a safra mais nova destes resistentes médios nasceu junto com as Redes Sociais aqui no Brasil. (Muitos usavam fraude na época do Mensalão Petista e acredite, quando muito se informam sobre, acham que tudo foi uma conspiração da CIA e do 'Grande Capital' para derrubar um governo popular dos pobres e blá blá blá...). Estes revolucionários de teclado têm muita dificuldade em lidar com o contraditório, e acham um charme atacar o indivíduo quando não conseguem atacar a ideia. Verdades inconvenientes então os fazem entrar numa pane histérica.

Um resistente médio tem horror ao conservadorismo religioso, mas não se importa em recitar os versículos sagrados criados por líderes de seita: "Não vai ter golpe", "Golpistas não passarão", "Coxinha!", "Fora, Temer!", "Diretas Já!" (em 2016, é sério...), "Eu luto contra a cultura do estupro", "Se fere minha existência eu serei resistência", "O povo quer Lula livre", "Eleição sem Lula é fraude", "#elenão", "Ninguém solta a mão de ninguém"... e por aí vai. Tudo parido no mesmo ninho; tudo recitado pela mesma turma.

Como prova, é só observar que os entrincheirados do Facebook e Twitter são os mesmíssimos que têm em Guilherme Boulos um pacifista ao invés de um protótipo de terrorista; em Haddad um exímio professor e gestor ao invés de um prontuário de 32 processos; em Lula a viva alma mais honesta do universo ao invés de um ladrão compulsivo. É um povo tão atento que encontra fascismo até em propaganda de margarina.

Os resistentes estão em toda parte, mas uma quantidade considerável está na universidade, e por isso, e só por isso, muitos acreditam piamente que um diploma ou o meio acadêmico lhes conferem o monopólio da razão e da verdade absoluta. Para estes destemidos resistentes tropicais o que vale é a "pauta do dia"; se a ordem do momento é pregar na testa "resistência", que haja resistência então. Tudo pela luta; tudo pela causa.

O grande problema é que esta "luta" nunca foi pelos direitos dos negros, dos gays, das mulheres, dos pobres ou contra o fascismo. (Até porque, quem passou qualquer procuração para que supostos movimentos sociais falassem em nome de várias minorias? E mais: esse pessoal só gosta de tutelar mesmo o negro ou gay que estão dentro da mesma bolha ideológica. Os que estão fora da "caixinha", geralmente são presenteados com termos doces como "capitão do mato" ou "bicha fascista"). Também nunca foi contra o ódio. (Basta discordar minimamente dessa turma que logo você é vítima de outro tipo de ódio: "o do bem"). A luta é e sempre foi pela manutenção da hegemonia ideológica e pela conservação do *status quo* petista. O 'Lula livre' de ontem é o 'herói da resistência' de hoje.

J. R. Guzzo tem razão: *"É só uma questão de superioridade moral que os derrotados atribuem a si próprios"*.

Muitos tentaram e fizeram força, mas o que conseguiu mesmo conquistar o "grande troféu imbecil do ano de 2018" foi...

O IMBECIL DO ANO

Findadas as eleições de 2018 no Brasil, possivelmente uma coisa deverá ser objeto de estudo no futuro: a canastrice vergonhosa dos principais atores contra a "opressão" ao povo brasileiro. A lista destes bravos mártires é enorme: vai de Sasha Meneghel a Anitta; de Pabllo Vittar a Fernanda Lima. Há ainda, nesse meio, gente gringa muito importante que jura de pé junto entender tudo, tudinho mesmo de Brasil: Dua Lipa, Lauren Jauregui, Alfonso Herrera, Shangela, Black Eyed Peas... é tanta mente brilhante junta que fica até difícil a disputa pelo troféu "o imbecil do ano".

Mas, embora a lista seja enorme, foi difícil alguém superar o senhor Roger Waters. O cantor é de longe o pateta do ano.

Waters, que assim como o mensaleiro José Dirceu se tornou um grande guerreiro do povo brasileiro, foi um dos que aproveitando sua passagem por aqui para uma série de apresentações aderiu à modinha #elenão. É que entre um show e outro, sempre dá tempo de tentar salvar o mundo. E salvar o mundo é uma especialidade do músico, afinal, o que seria dos Estados Unidos, Reino Unido, Áustria, França, Polônia e Hungria sem a intercessão quase divina de Mr. Roger? Seriam nações desgraçadas pelo neofascismo, claro.

O problema de Mr. Roger é que enquanto ele, setores da imprensa, do judiciário, das universidades diziam uma coisa, o povo "oprimido" dizia outra. Faltou combinar com o público, inclusive, com o seu próprio, que pagou até 800 pilas para vê-lo no Brasil e não o poupou de vaias colossais.

Mr. Roger é uma daquelas figuras – que ao lado de Bono Vox e Tom Morello – olha para o Terceiro Mundo como grandes zoológicos de espécies exóticas. É do tipo que tem fetiche pela miséria terceiro-mundista e por engajamentos inúteis; que vê o Brasil, por exemplo, como um enorme agrupamento de idiotas incapazes de tomarem decisões autônomas. Salve salve nosso lacrador inglês!

Outro problema de Waters é que sua hipocrisia é do tamanho de sua conta bancária. Ao aderir ao movimento #elenão o cantor ignora as verdadeiras aspirações da maior parte do povo brasileiro que tem preocupações maiores do que ser um revolucionário fumador de erva proibida. É difícil levar a sério um sujeito que enquanto faz seu circo mambembe afaga criaturas bisonhas como José Mujica e o criminoso Lula. A verdadeira face de um farsante é revelada quando o mesmo tem ressalvas em criticar o autoritário Putin ou ignora os problemas do Congo ou do Sudão, para ficar em três exemplos.

Ser velho, multimilionário e talentoso não gabarita Roger Waters a opinar sobre política interna do Terceiro Mundo. Não mesmo. E não há aqui nenhum desmerecimento quanto ao seu talento para a música.

De resto, Roger Waters é apenas uma fraude brincando de revolucionário na casa dos outros.

O dia em que resolvi fazer uma troça com um movimento de esquerda parido dentro da universidade em que eu estudava. O resultado foi uma treta enorme, o ódio de meio mundo e até ameaça. Mas tudo democraticamente...

ESTUDANTES DA UEMG/CARANGOLA A FAVOR DO #ELENÃO: A LUTA CONTRA O PERIGO FASCISTA!

A democracia é de fato uma coisa linda. Em países em que o estado democrático de direito funciona minimamente, qualquer cidadão, dentro da lei, é livre para expor suas aspirações políticas, manifestar pelas mais nobres causas e até ser um Power Ranger na luta contra o monstro neofascita. E no Brasil de 2018 a grande ordem do dia era exatamente essa: "todos" contra o perigo fascista/nazista que anda a aterrorizar nossa sociedade na figura do senhor Jair Messias Bolsonaro. E quando eu digo "todos", exclua dessa conta a maior parte dos brasileiros que estão mais preocupados em sobreviver a um país com cara de terra arrasada a ter um engajamento de conveniência.

Semanas antes das eleições, milhares de pessoas foram às ruas, num exercício livre de democracia, para protestar contra o líder das pesquisas eleitorais pela suposta ameaça nazista que o candidato representava. Sindicalistas, professores, estudantes, movimentos sociais, artistas e "artistas": todos contra o "ódio"; todos a favor do #elenão. No embalo da manada, até gente do naipe da cantora Madonna, que possivelmente nunca viu um pobre na vida, aderiu à causa. Democracia é isso aí.

Mas, como a besta do apocalipse estava sendo difícil de derrotar, os movimentos do amor, nascidos no seio das universidades públicas, das rodas de conversa dos "intelectuais" que tutelam o oprimido (leia-se: as minorias), acabaram fazendo que suas manifestações se estendessem às universidades do interior, como aconteceu na Universidade Estadual de Minas Gerais – unidade de Carangola.

Um grupo criado no Facebook, intitulado "Estudantes da UEMG e Carangola contra Bolsonaro" programou uma manifestação marcada para uma quarta-feira, pouco antes das eleições, no intuito de conter o "Coiso", o "Indizível", o "Inominável", já que nem uma facada do bem foi capaz de derrotá-lo. Esse movimento que arrebatou os corações e mentes dos nossos revolucionários estudantes é uma espécie de "O dragão da Maldade contra o Santo Guerreiro". Esteja onde estiver, Glauber Rocha deve estar orgulhoso dos nossos salvadores. A revolução não pode parar!

Eu sei que à época eu dei mais importância a este movimento

do que deveria, mas como ex-aluno daquela unidade, acompanhei de perto manifestações semelhantes capitaneadas por estes alunos que se engajam ou por ignorância ou por viés ideológico. Duas se destacaram: o manjadíssimo "Fora, Temer" e o "não à reforma da previdência".

Óbvio que se comparada a outras universidades públicas das capitais, a UEMG/Carangola está longe de ser um berço de militância esquerdista. O engajamento por parte dos professores daquela unidade nunca fora explícito e até encontravam resistência por parte considerável de alunos que têm preocupações mais reais no dia a dia como trabalhar e estudar, por exemplo. Mas de toda forma, não dá para deixar de fazer aquela constatação clichê: nossas universidades públicas, no geral, estão cada vez mais formando um exército de militantes de esquerda a profissionais. Afinal, é mais emocionante aderir ao #elenão que vencer na vida. Ideologia: eles precisam de uma para viver.

E convenhamos: é bonito pelejar bravamente por uma causa, mesmo quando a causa está sendo defendida por gente de longe que acha que a capital do Brasil é Buenos Aires e que nosso idioma oficial é o espanhol. Ele não!, ele nunca! Democracia é isso aí.

Agora, mais constatações clichês sobre nossos heróis da UEMG, artistas da Lei Rouanet e demais libertários contra a "ameaça neofascista": onde estavam os mesmos quando Lula e Dilma destruíram a economia, deixando como legado 50 milhões de miseráveis, 14 milhões de desempregados e 63 mil assassinatos anuais? Onde estavam eles quando o ex-presidente Lula armou o Mensalão, o Petrolão, surrupiando bilhões de dinheiro público para enriquecimento ilícito e para manter um projeto criminoso de poder? Onde estavam estes bravos guerreiros quando foi montado caixa 2 no valor de 1,4 bi para eleger a Mulher-Sapiens que saúda a mandioca e estoca vento? Por onde perambulavam estes seres quando começou o processo da multiplicação de pobres e de analfabetos funcionais? Onde se encontravam os santos protetores das minorias quando sua divindade, o Lula, chamou as militantes do PT de "mulheres de grelo duro"? Em que universo perambulavam os paladinos da justiça social quando Mauro Iasi, do PCB, num discurso muito amoroso incitou o assassinato de conservadores e liberais ou quando Stédile, do MST, numa fala terrorista, pregou uma guerra civil? Ou quando o PT financiava, com dinheiro roubado dos pagadores de impostos, ditaduras socialistas sanguinárias? E ainda: onde estava essa turma quando o Museu Nacional ardia em chamas causadas pelo aparelhamento dos camaradas do PSOL?

É por essas e outras que gente normal, que tem na cabeça algo mais que cabelo, não deveria nunca levar estes militantes a sério: eles sempre agem por cegueira ideológica ou porque há um defeito grave no chamado filtro moral.

Democracia é isso aí.

O século XXI nos presenteou com os "ativistas fofos".
E eles são insuportáveis...

A HIPOCRISIA DO ATIVISTA

Eu não tenho respeito por ativistas – os considero fundamenta-listas. O ativista é um parasita que sobrevive à custa das supostas boas causas para se sentir moralmente superior. O ativista "cuida" e "luta" interesseiramente de acordo com as pautas vigentes: da mulher, do negro, do gay, do índio, etc. mesmo quando a maior par-te inclusa dentro dessas classes de pessoas vive normalmente sua vida sem ter uma confraria para importuná-la. A sério, a maioria só quer viver em paz sem ter ninguém para dizer o que é bom ou não para eles. O afegão médio, normal, só quer trabalhar, estudar, se dar bem na vida sem ser aborrecido por grupelhos chatos envolvi-dos dentro de um caldo cultural de quinta. O ativista problematiza tudo, inclusive, problematiza o problema. O ativista é um pé no saco politicamente correto.

Antes da internet, víamos este movimento atávico se manifes-tando através das revistas semanais, do movimento histérico nas grandes capitais, nos livros que vêm prevendo os diversos apoca-lipses globais desde a globalização. Hoje, além disso, temos de su-portar os ativistas na internet com seus textões gordurosos. A cada vírgula escrita, uma baleia é salva no pacífico, uma girafa é salva na Amazônia, um africano com fome ganha um jantar, um negro a me-nos é assassinado no Rio e uma mulher deixa de ser apedrejada no Irã. Aliás, de todos os ativistas os que menos vejo são os das causas pela liberdade das meninas iranianas. Melhor não; Teerã é muito perigosa para uma ativista feminista botar os peitos de fora e gritar "abaixo os aiatolás!".

O ativista é uma espécie de 'fascista do bem'. Vejamos dois exemplos: 20 de novembro é o dia escolhido para rememorar e não se esquecer de que houve escravidão negra na história do mundo. Até aí, tudo certo. Só que o ativista racial é incapaz de aceitar que negros sejam contra esse dia por suas próprias convicções, como o ator Morgan Freeman ou o político Fernando Holiday – que além de negro também é gay. Outro caso notório: negros que são contra as cotas racistas são esculhambados ou por seus pares ou por brancos que se sentem com autoridade moral para dizer o que é certo ou não para eles. Acredito que a maioria dos negros não querem branquelos ativistas fingindo se importar.

A última dos ativistas embalada com esquerdismo, progressismo, globalismo e mais 50 milhões de 'ismos', a de que no Brasil esteja havendo um "genocídio negro" proporcionado por policiais. Essa saiu pior que a situação das zebras amazônicas, mas, como o que importa é a narrativa e não os fatos, vamos lá.

Todo dia um brasileiro leva um tiro, uma facada, um arrastão, e não é por ser negro: é por morar no inferno. Aqui morre branco, preto, pardo, gay, criança, mulher... são 60 mil ao ano! Mas do pré-escolar à universidade não se pode jamais negar a narrativa cafajeste: "estão matando todos os negros do Brasil, crianças!"

Para piorar, o século XXI ainda nos fez o desfavor de nos presentear com os 'ativistas fofos': o Papa Francisco, a jovem sueca Greta Thunberg e a banda britânica Coldplay são alguns deles.

Os 'ativistas fofos' são ótimos. São figuras aparentemente dóceis, mas com uma retórica tão demagógica que faz gente normal ficar maluca. Vamos aos três citados.

O Papa Francisco (o mesmo que vivia escrevendo cartinha para presidiário corrupto e que se negou a vir ao Brasil em 2016 para comemorar com os fiéis o dia de Nossa Senhora Aparecida por causa do "golpe") resolveu criar o "pecado ecológico". Não, não é piada! Agora é mais ou menos assim: se você, cristão, não aguar as margaridas da sua mãe você vai para o inferno. Depois dessa, Francisco pode pedir a demissão do emprego de Papa.

Greta Thunberg, 16 anos, nascida num país nórdico, financiada por ONG's escusas; outra que provavelmente nunca viu um pobre em carne e osso e não deve ter nunca aguado um pé de samambaia na vida, virou queridinha dos ecochatos com sua gritaria histérica de criança mimada. A garota viajou o mundo, agradou aos seus financiadores, à elite global, aos políticos populistas, atacou o Brasil, ganhou aplausos de gente que defende o aborto, e luta para salvar os ovos das tartarugas marinhas. Só se esqueceu de berrar que o maior poluente do mundo é a China; que na Amazônia boliviana os narco-índios tacam fogo naquilo sem dó; e que na Amazônia colombiana os narcotraficantes fazem desmatamento do tamanho da Suécia. Se a garotinha não tivesse se preocupado em vadiar pelo mundo para falar besteira não teria faltado a ela essas lições da escola. Felizmente, seu ativismo de boutique não durou mais que quatro semanas.

O Coldplay. Amigos leitores, sobre a banda Coldplay eu nem vou comentar; só queria que vocês prestassem a atenção na manchete de um dos jornais desse ano que por si só já diz tudo: **"Coldplay adia turnê para não poluir o planeta"**. Pronto. Os 'ativistas fofos' são ou não são uma gracinha?

Ou o apocalipse bíblico acontece o mais breve possível e arrasa o planeta de uma vez por todas ou os ativistas o farão.

José Padilha, na série "O Mecanismo", não fez uma obra de ficção baseada em fatos nem uma obra de ficção. O que ele fez foi um panfleto político esquerdista. E dos piores.

O MECANISMO (2ª TEMPORADA) E AS MENTIRAS QUE JOSÉ PADILHA CONTA

A série 'O Mecanismo', dirigida pelo cineasta José Padilha, é baseada no livro 'Lava Jato – O Juiz Sérgio Moro e os Bastidores da Ope   ração que Abalou o Brasil', do autor Vladimir Netto. Como é uma obra de ficção baseada em fatos, é consenso que se mude algo aqui e acolá para dar dinamismo à produção cinematográfica – o que é muito diferente de falsear a realidade, seja por um viés ideológico, seja por uma questão mercadológica.

Nesta 2ª temporada de 'O Mecanismo' o diretor deixou nítido que para ele não há compromisso com os fatos, nem com o livro em que se embasam os fatos, mas sim, com sua visão atual sobre os mesmos. Se na 1ª temporada da série José Padilha foi mais verossímil, nesta nova leva de capítulos que estreou dia 10 de maio de 2019 no serviço de streaming Netflix, o diretor esculhambou com a verdade, jogando para o público um amontoado de besteiras.

Em declarações recentes, José Padilha deixou claro que não ficou muito satisfeito com o resultado das últimas eleições e fez críticas diretas ao ministro Sérgio Moro. Talvez por isso quisesse ele se redimir do que fez em 'O Mecanismo 1', entregando uma narrativa quase que inteiramente deslocada da realidade em 'O Mecanismo 2', e, por extensão, resolveu passar pano para a corrupção do PT e também tentar a todo momento passar a ideia de que os responsáveis pela Operação Lava Jato são levianos e 'anti-heróis'. Sim, desse jeito mesmo.

Abaixo, por tópicos, e não necessariamente em ordem cronológica, confronto alguns fatos com a visão míope de José Padilha em "O Mecanismo 2":

*Durante os oito capítulos da série, o diretor, forçadamente, tenta retratar a Janete Ruscov (Dilma Roussef) como uma pessoa "apenas inexperiente" e não como uma mulher corrupta. MENTIRA: em 2014 o doleiro Alberto Yousseff já havia, através de delação premiada, dito que "o Planalto sabia de tudo", ou seja, que a Dilma sabia e sempre soube que a Petrobras servia para abastecer políticos do PT, do PMDB e do PP. Além disso, há o esquema de caixa dois bilionário usado para eleger e reeleger a ex-presidente Dilma, fato delatado por Marcelo Odebrecht e endossado pelo ex-ministro Antônio Palocci, além do esquema de Pasadena. Isso só para ficar em três exemplos.

*Em um dos capítulos da série, onde se retrata o processo de *impeachment* da Janete (ex-presidente Dilma), o ex-presidente Higino (Lula) e a própria Janete ficam isoladamente com aquele ar de anjos imaculados assistindo à derrota pela TV no Palácio do Planalto. MENTIRA: Nos dias que se sucederam ao julgamento do *impeachment* e até no mesmo dia, ambos, Dilma e Lula, montaram um bunker num hotel em Brasília para comprar deputados para barrar o processo. Muitos deputados, mesmo comprados, votaram a favor do afastamento da ex-presidente.

*Em outro capítulo da série também são retratados os famosos áudios capturados que contêm a conversa entre Dilma e Lula nos quais a primeira tenta brindar o segundo com um ministério para que Lula ganhasse foro privilegiado e tivesse uma chance de escapar da gaiola. Como o juiz Paulo Rigo (Sérgio Moro) resolveu quebrar o sigilo das conversas e divulgá-las à imprensa, toda a equipe da PF e MPF ficou tristinha e p*** com a atitude do juiz. MENTIRA: Se a própria PF e MPF queriam juntar o máximo de elementos possíveis para dar prosseguimento à Lava Jato e quebrarem as estruturas corruptas do poder, não existem indícios que houvesse uma comoção negativa por parte de qualquer integrante da equipe, pelo contrário, o que se viu foram manifestações públicas de muitos procuradores da Força-Tarefa da Lava Jato parabenizando a atitude do juiz.

*O personagem Marco Ruffo (o procurador Gerson Machado) a respeito da divulgação dos áudios diz: "o juiz dividiu o país". MENTIRA: o país já estava dividido havia três anos, desde as grandes manifestações de 2013, antes mesmo do início da Operação Lava Jato.

*Em uma cena, se reúnem os personagens que fazem referência ao então senador Aécio Neves; o ministro do STF, Gilmar Mendes; o deputado Eduardo Cunha e o vice-presidente Michel Temer para montar um grande complô com o objetivo de derrubar a "honradíssima" presidente Janete Ruscov. O plano: criar um pedido de *impeachment* que fosse bem embasado, colocar nas capas de revistas a figura do juiz Rigo de forma positiva para que, depois que o vice assumisse, pudesse frear a Lava Jato. MEIA-VERDADE: Por mais que você ache que as figuras acima sejam odiosas, o pedido de afastamento da presidente não nasceu assim; não existem provas de que o senador Aécio Neves emplacara a imagem positiva do juiz Sérgio Moro através de trânsito livre nas grandes revistas do país; mas sim, a única coisa verossímil nesta cena é que essa turma toda realmente queria acabar com a Operação Lava Jato.

Estas são algumas das cenas falseadas pelo diretor José Padilha, mas vale aqui um resumão da ópera: na cena em que se mostra a condução coercitiva do ex-presidente Lula, os agentes da PF ficam o tempo todo com o dilema moral que não convence nem um bêbado de calçada: "fiz faculdade graças ao ex-presidente", diz um; "vocês sabem, né, ele foi o melhor presidente que este país já teve", diz outro. Sobre o impeachment: "se ela cair vai entrar outra quadrilha pior no poder"; "estão tirando uma presidente eleita democraticamente do poder"; e por aí vai... e tem mais: Padilha simplesmente ignorou a famosa delação dos "77 da Odebrecht" que apontavam de forma unânime para a formação de uma quadrilha organizada cujo chefe é desnecessário citar aqui.

Para desandar de vez a maionese, José Padilha fez questão desavergonhadamente de usar todos os chavões da esquerda através das falas dos agentes da PF. E o pior: ele trata o PT, nesse esquema todo, como apenas um coadjuvante da maior roubalheira da história. Como eu disse acima, ele quis passar "pano" para os verdadeiros agentes da maior roubalheira da história, e enfatiza do primeiro ao último capítulo da série que o problema sempre foi o PMDB. Este sim é o grande culpado pelo "mecanismo". E tem mais: A PF e os agentes do MPF são retratados como simpatizantes do PT (ou como queira, da esquerda – sério, ele os retrata assim na série), mas que o "dever" precisa falar mais alto, e que, portanto, a "ideologia deve ficar de lado". Mais ainda: Como uma Mãe Dináh, Padilha retratou o juiz Sérgio Moro de 2016 como um juiz parcial que só quis perseguir Lula para se sobressair politicamente em algum cargo (estamos em 2019, mais anacrônico, impossível).

A série, nesta 2ª temporada, teve a desfaçatez de ignorar todas as manifestações pacíficas de 2016 que levaram milhões de pessoas de verde-amarelo às ruas pelo afastamento de Dilma Rousseff. Ignorou todos os milhões de motivos que as pessoas tiveram para irem às ruas e gritar "Fora, Dilma". Estas pessoas foram moídas pelo mecanismo de José Padilha de fazer série.

José Padilha não fez uma obra de ficção baseada em fatos nem uma obra de ficção. O que ele fez foi um panfleto político esquerdista. E dos piores.

O dia em que o Brasil descobriu que o "tiozão do churrasco" politicamente incorreto e "caçador" de comunistas era apenas um embuste...

O FALSO MITO

Quando o ex-ministro da Justiça e Segurança Pública, Sérgio Moro, do governo Bolsonaro "caiu" ele caiu atirando. Quis o ex-ministro expor as vísceras de um governo podre que se vendia como a última flor do lácio.

Mas antes de continuar falando sobre, valem aqui algumas considerações. 1) Aquele papo de fascista, nazista, etc. que a oposição e a imprensa quiseram pregar na testa do então candidato a presidente continua ainda não colando. O presidente pode ter supostamente tentado ou até cometido algum crime, mas isso não tem nada a ver com o mimimi da esquerda festiva. Chamar o presidente de fascista e nazista é simplesmente ignorância ou desonestidade intelectual; 2) A turma do "EU AVISEI", que é a mesma do "NINGUÉM SOLTA A MÃO DE NINGUÉM", não tem moral nenhuma para meter a colher neste assunto. Zero. Essa gente defendeu voto num prontuário ambulante disfarçado de professor e num coronelzinho autoritário – o tal do "o mais preparado". Voltemos.

Bolsonaro foi eleito presidente com bandeiras e ideias bastante factíveis. E quais eram essas ideias que fizeram ser eleito um deputado do baixo clero grudado vinte anos numa cadeira parlamentar? Reforma da previdência, reforma administrativa, menos impostos, tolerância zero à criminalidade e à corrupção, o rompimento com a "velha política", Paulo Guedes, Sérgio Moro no STF (sim, o presidenciável prometeu isso em campanha, e espero que os bolsonaristas não tenham memória fraca nessa hora), além do antipetismo, que foi o tiro de misericórdia que catapultou o "mito" até o Palácio do Planalto.

Mas com pouco mais de um ano de governo, o presidente Bolsonaro foi criando uma paranoia autoritária queimando seus principais e mais importantes aliados: o General Santos Cruz e Gustavo Bebianno são dois exemplos. O nosso "Messias" – que acumula um bocado de pecados – alimentou um falso nacionalismo e com isso arrebatou uma verdadeira tropa de retardados agressivos para defender a si e a seus rebentos – produtos mal-acabados da pior espécie que você pode encontrar na política. Bolsonaro colou com a banda mais podre do STF para poder, SUPOSTAMENTE, blindar um de seus filhos; amaciou o quanto pôde o chamado "Pacote Anticrime", não seguindo as orientações de seu ministro da Justiça, e no embalo, "fritou" o mesmo dia após dia desde a sua posse; passou a usar do mesmo expediente que seu arquirrival, o ex-presidiário Lula, criou para governar: "o nós contra eles". Dividir para governar. Sempre. Alimentou, sim, o chamado "gabinete do ódio" usado pela face mais nefasta do olavismo para assassinar reputações e distorcer fatos. A lista é grande.

Nosso "mito" se revelou uma fraude, um engodo, um charlatão, um imbecil. O maior inimigo desse "redentor" foi sua própria vaidade, seu ego e sua falta de princípios republicanos. Em pouco mais de um ano foi ele seu próprio inimigo; foi ele o maior revelador de que por detrás "do tiozão do churrasco" o que havia mesmo era um falso mito – condescendente com a corrupção, sim, e com as piores mazelas das quais o povo brasileiro se cansou. Ele é o caos; ele e seus filhos bizarros.

Bolsonaro, hoje, se presta apenas a alimentar sua gama de seguidores através de suas redes sociais, ou a fingir ser um "homem do povo", andando a cavalo ou cumprimentando manifestantes pró-governo. Virou uma piada, um canastrão.

Não existe mais "governo Bolsonaro" porque o presidente desistiu de governar faz tempo. Hoje, nosso caçador de comunistas só sabe falar de cloroquina e apostar na polarização para se segurar no poder.

Infelizmente, temos que nos contentar ao saber que vivemos numa República de Bananas tamanho continental, cujos habitantes são, em sua maioria, seguidores de falsos mitos, e esperar as próximas eleições para poder votar num energúmeno menos pior.

Morar na terra do Capitão Cloroquina é como se você estivesse vivendo num eterno "Black Mirror", "Além da Imaginação" ou "House of Cards"...

AS DESVENTURAS DO CAPITÃO CLOROQUINA

O Brasil é um país que não dá trégua. Aqui você morre na queda de um viaduto, com explosão de bueiros, numa enchente, pelo rompimento de barragens, de bala perdida, num assalto, na estrada... de tudo! No Brasil, você só não morre de tédio.

Enquanto eu revisava o artigo anterior fui pego com duas notícias; uma seguida da outra. A primeira: "O ministro Teich, da pasta da Saúde, deixa o cargo". Surpresa que ele não se seguraria no cargo é de menos zero; surpresa foi só a rapidez com que aconteceu. A segunda: "O presidente Bolsonaro reconduz o ex-deputado Carlos Marun (PMDB) ao conselho de Itaipu". Carlos Marun, para quem não está ligando o nome à pessoa, é aquele amicíssimo de Cunha e puxa-saco de primeira hora do ex-presidente Vampirão, e também investigado pela Lava Jato. É dele uma das cenas mais grotescas da política recente: a dancinha em homenagem ao Nosferatu quando a câmara arquivou uma denúncia contra o mesmo. Ridículo é eufemismo para cara de pau.

Voltando ao nosso Capitão Cloroquina. O homem tinha tudo para entrar para a história como um grande reformista e estadista brasileiro, mas não; o sujeito preferiu a pior forma de governar, traindo os eleitores que apostaram numa agenda mais liberal. Queimar dia após dia seus principais aliados, "correr do Queiroz" (que inclusive já apareceu) e colar com gente do naipe de Carlos Marun, um investigado pela polícia, é de fazer corar a cara do bolsonarista mais xiita. Não deve estar sendo fácil para os seguidores do Messias arranjar desculpas de última hora para defender o presidente. É de dar pena.

Sabe aquela música dos Titãs "Nem sempre se pode ser Deus"? Bolsonaro é aquela parte: "NÃO É QUE EU VOU FAZER IGUAL, EU VOU FAZER PIOR".

Se há 40 anos o Capitão Cloroquina tivesse feito uma vasectomia, provavelmente, hoje, ele não estaria confundindo PF, de Policial Federal com PF, de Prato Feito.

***

Um ano e meio após a posse do "Mito", você não conseguiu a tão prometida arma para defender a si e aos seus e nem escola militar para seu filho; "bandido bom" agora é "bandido solto"; foi sancionado o fundão eleitoral bilionário; o Brasil vive a maior onda populista de sua história; prisão em segunda instância é tabu no Planalto; os gastos com cartão corporativo explodiram com Bolsonaro; o "centrão" se tornou a melhor companhia do nosso mandatário; Sérgio Moro virou "comunista" e não foi para o STF; o petista Augusto Aras, amigo do bandido José Dirceu, foi para a PGR; a Lava Jato foi, enfim, derrotada com a anuência do presidente, e o mensaleiro Roberto Jefferson foi alçado a herói nacional, sendo a maior representação em carne e osso deste governo. Tudo isso em poucos meses. Imagine o que este homem não fará até 2022... Mito!

*O Brasil e sua vocação para transformar
em heróis os ordinários...*

"MALETTA"

De todas as fraudes a que o Brasil é submetido todos os dias, não daria para esquecer uma que se pendurou como um dos ministros do governo Bolsonaro em janeiro de 2019 e por lá ficou até abril de 2020. Refiro-me a Luiz Henrique Mandetta – médico por formação, político por profissão e ministro por oportunismo.

Luiz Henrique Mandetta, atualmente filiado ao DEM, brincou por 16 meses de Ministro da Saúde caindo nas graças da imprensa e do povão. Os "bons" motivos: confrontar publicamente o Presidente da República e desautorizá-lo.

Como no Brasil o que vale é "ser do contra", mesmo estando certo ou errado, Mandetta foi o personagem perfeito escolhido por aclamação para ser o "exemplo" de homem público, mesmo que as "qualidades" do cidadão se restringissem apenas a desautorizar continuamente o Presidente e a ser um fanfarrão usando a crise sanitária para se promover politicamente.

O político, fantasiado em Ministro da Saúde, nos meses em que comandou a Pasta, conseguiu a proeza de produzir algo perto do zero em relação à saúde pública. Com a chegada do novo coronavírus, aí que a produção do moço despencou ainda mais. Sabendo que seria uma oportunidade única de aparecer – já que os holofotes estavam mirados em sua direção – o até então candidatíssimo a governador de Mato Grosso do Sul, deixa de lado o disfarce de ministro e começa a agir como um candidatíssimo a governador de Mato Grosso do Sul. Foram semanas em que o maior gênio da saúde pública mundial aparecia incansavelmente dia após dia na TV para repetir hoje a mesma ladainha que falava ontem. Seu método engenhoso de combater o vírus se restringiu apenas a seguir o protocolo vertical de isolamento social, enfiando milhões de pessoas na marra dentro de suas residências em março, e ignorando qualquer outra alternativa possível.

Após seu despejo do Ministério, o que ficou como lembrança foi o modelo único referendado pela OMS e adotado pelo nosso herói, as dezenas de milhares de vidas ceifadas pela doença e a "curva do Mandetta" (a curva é em abril, a curva é em maio, a curva é em junho...). A "curva" que o Ex-Ministro tentou ver em março, a gente enxerga de longe: vai acontecer em novembro, com as eleições.

Nosso bravateiro mais popular de 2020 agora está no lugar que lhe cabe melhor: no de político profissional. O homem agora fala até em ser presidente! Nada mau, já que no currículo de agente público não lhe faltem "predicados" para se lançar como candidato a mandatário do País: investigação em andamento sobre supostos atos de corrupção em sua gestão como Secretário de Saúde da cidade de Campo Grande/MS e um pedido do Procurador Marinus Marsico para que o TCU investigue um contrato milionário assinado pelo Ministério da Saúde na gestão de Mandetta com uma empresa ligada ao financiamento de campanhas do ex-secretário. Além disso, o "homem da curva" traz consigo a marca de ter votado pela criação do fundão eleitoral. E para não deixar nenhuma sombra de dúvidas sobre o *Know-how* do nosso mais novo presidenciável, é só espiar quem lamentou sua saída da Saúde em abril: Rodrigo Maia, Davi Alcolumbre, Marcelo Freixo, João Dória, Felipe Santa Cruz (presidente da OAB), Alessandro Molon, Hélder Barbalho, Randolfe Rodrigues, José Serra, a esquerda em geral e a torcida pró-covid.

Com tamanho currículo e com uma torcida dessa apoiando, Luiz Henrique Mandetta pode se arriscar a se lançar candidato a "Presidente do Mundo".

*A covid-19 revelou que no Brasil de 2020 também há
espaço para pequenos tiranos...*

PEQUENOS DITADORES (COM CABELO E BARBA FEITOS)

Além de todos os problemas que a covid-19 revelou a nós brasileiros, um merece destaque: a vocação que este País tem para o autoritarismo.

Quem gritou, em 2018, "fascista!", nunca poderia imaginar que em 2020 pequenos atos que remetem ao fascismo pudessem realmente ocorrer de onde menos se esperava. Na primeira crise que o Brasil passou, apareceram protótipos de tiranetes dizendo o que o cidadão deve ou não fazer, trancando rua, baixando decretos para lá e para cá, tolhendo a liberdade de ir e vir, decidindo atrás das mesas o que são ou não atividades "essenciais", enfiando o povo na marra dentro de suas casas, e usando a força policial contra idosos e mulheres em nome da "proteção ao povo brasileiro". E é assim que as ditaduras nascem. Sempre atrás de uma "desculpa".

Estes pequenos facínoras de merda não conseguem esconder seus apreços pela brutalidade democrática. Tudo dentro da lei. Tudo com a bênção da nossa mais Suprema Corte.

Salões de cabeleireiro não são "atividades essenciais", dizem eles. Você viu algum desses canalhas aparecendo na TV com um fio cabelo fora do lugar?

***

Com a crise sanitária, prefeitos do Brasil inteiro resolveram brincar de tiranetes, e incontáveis juízes de todas as instâncias resolveram brincar de prefeitos. Quando algum prefeito esquecia de trancar a rua, sempre aparecia algum juiz para fechar uma lojinha de 1,99. Eles são demais!

"Os fascistas do futuro chamarão a si mesmos de antifascistas" (Autor Desconhecido)

PACIFISTAS
DO ÓDIO

No dia 20 de maio, o assassinato brutal George Perry Floyd, um homem negro norte-americano da cidade de Minneapolis por um policial branco causou uma comoção no mundo todo. Comoção justa.

Mas, embora a comoção tenha chamado a atenção de todo o Globo, foi também a senha para aguçar a sanha de um movimento batizado de 'Antifa', que estava adormecido havia algum tempo. Um grupo que se denomina "antifascista", mas que age com todos os requintes do fascismo: intolerância, vandalismo, ataque com armas mortais, depredações, saques... enfim, um grupo terrorista.

Infiltrados em meio aos protestos pacíficos de pessoas que pediam justiça pela morte de Floyd, os antifas americanos fizeram aquilo que melhor eles sabem, só que desta vez, pior: mataram um policial – e veja só a ironia – negro, David Dorn, de 77 anos, que tentara evitar um saque numa loja de penhores na cidade de St. Louis. (Viu como são umas gracinhas estes antifas?).

Mas tão grave quanto os atos destes terroristas, é o fato de a grande imprensa mundial endossar esse tipo de manifestação, frisando sempre que não passa de um movimento "pela democracia", e praticamente ignorar o fato de que o policial morto era negro e morreu cumprindo seu dever. Piada.

Agora, quer ver piada ainda mais sem graça?

Inspirados pelos movimentos dos antifas americanos, aqui no Brasil, um grupo capitaneado por torcidas organizadas, tendo à frente o Corinthians e a Gaviões da Fiel, resolveu ir às ruas num "ato democrático" e contra o "fascismo". Você não leu errado. Grupos que invariavelmente são acusados ou têm ligações com bicheiros e traficantes sendo saudados pela nossa extrema imprensa como salvaguardas da democracia. É de doer.

Aquela mesma imprensa que minutos antes questionava qualquer ato público de apoio ao presidente Cloroquina, devido aos riscos de contágio pelo novo coronavírus, foi a que de forma quase unânime estampou em suas capas manchetes do tipo "Grupos antifascistas realizam ato contra Bolsonaro". Mais uma vez o que importa é a narrativa e de que lado "nós" da imprensa estamos. Que se exploda, agora, se você vai se contaminar ou não pelo vírus; o que importa é que a luta contra o fascismo fantasioso não pode parar.

A falta de vergonha na cara encampada pelos progressistas, os derrotados e a imprensa chegou ao fundo do poço; mas como diz uma frase escrita por um autor anônimo "No Brasil, o fundo do poço tem porão".

E a respeito desta narrativa vendida como verdade sobre os antifascistas nenhuma outra frase faz tanto sentido, tanto aqui quanto no resto do mundo, creditada a outro autor anônimo: "Os fascistas do futuro chamarão a si mesmos de antifascistas".

Em tempo: os antifas mundo afora num ato fascista resolveram tentar reescrever a história derrubando estátuas (nem a de Cristovão Colombo e nem a de Winston Churchill escaparam da fúria dos bárbaros), e vários líderes políticos globais caíram nessa armadilha cafajeste do politicamente correto e se retrataram retirando várias esculturas históricas de praças públicas, como se assim pudessem apagar a memória, a história. O ato foi visto como um pedido de desculpas à humanidade.

Podem dormir em paz agora, crianças. Os antifas estarão sempre por aí trabalhando para que você possa viver numa sociedade melhor.

***

Em 2020 pudemos ver uma pequena demonstração de como o Ocidente se curva à cólera politicamente correta apoiada pelos líderes progressistas do século XXI. O "movimento antifa" foi apenas uma prova do obscurantismo daqueles democratas que odeiam a democracia e têm o politicamente correto como endosso para agir com todos os requintes de truculência. E como para essa turma os fins justificam os meios, qualquer coisa é válida para cobrar certas aberrações como a chamada "dívida histórica", por exemplo. Os antifas fizeram direitinho o dever de casa dando uma amostra grátis do que seria um grande 'Talibã Ocidental'. O que vai vir agora? Queima de livros em praça pública ou o enforcamento de homens brancos e héteros numa árvore qualquer?

A epopeia dos prefeitos do interior que durante a crise provocada pelo coronavírus agiram como déspotas ou por vocação ou por analfabetismo funcional mesmo...

TIRANOS DO INTERIOR

2020 chegou ao Brasil arrombando as portas. Primeiro, as enchentes que castigaram a região Sudeste inteira deixando muitas pessoas desvalidas. O dinheiro que chegou para as prefeituras a fim de ajudar na infraestrutura das cidades atingidas pelas enchentes bem como socorrer a população mais necessitada, na maioria dos casos, nunca apareceu. Muitos não viram o cheiro das notinhas. Depois, foi o vírus chinês que resolveu dar o ar da graça por aqui também, obrigando a União a despejar bilhões de reais aos prefeitos "para o combate ao coronavírus". Após meses de pandemia, muitos sequer sabem ao certo para que essa dinheirama toda entregue aos prefeitos serviu, pois não são poucas as pessoas que tiveram seus pequenos negócios fechados, tendo a renda da sua família toda comprometida por conta da crise sanitária. E o que fazem ou fizeram os prefeitos?

Assim como os governadores, muitos coroneizinhos do interior não conseguiram deixar de transparecer suas vocações para o autoritarismo. Na maioria dos casos, na prática, o que estes pequenos déspotas só souberam fazer foi criar, dia sim, dia não, decretos absurdos para "proteger a população" da terrível doença, exigindo toque de recolher, fechando comércios (deixando seus proprietários e clientela irados), cercando praças públicas para que a população não circulasse por lá, deixando a polícia descer o cacetete em idosos e mulheres, e, acredite, proibindo a venda de bebidas alcoólicas após determinado horário (é como se na cabeça baldia desses cretinos o coronavírus só atuasse a partir de determinado horário).

Milhares de prefeitos Brasil afora comandando cada um seu pequeno feudo, segundo eles, seguindo as normas da OMS. O problema é que nem a OMS sabe o que ela está fazendo. Há meses ela está numa crise de identidade, tentando descobrir qual sua finalidade de fato.

Enquanto isso, nós, o povo comum, temos que, além de conviver com o vírus medonho, temos também que tentar suportar estes pequenos tiranos do interior com suas sandices.

Fernando Henrique Cardoso, que teve um papel importante na política brasileira, ao invés de pegar as pantufas e o pijama e ir descansar (o povo brasileiro), preferiu virar um general na linha de frente junto aos piores escroques que sempre o desprezaram no combate ao fascismo imaginário. É um daqueles casos em que conhecimento, alta-cultura e idade avançada não o impedem de se tornar um idiota...

A MÚMIA FALASTRONA

Pouca gente com menos de 30 anos se lembra de como foi a era Fernando Henrique Cardoso. Saído das entranhas dos movimentos de esquerda durante o regime militar, FHC notabilizou-se ao assumir, em 1993 (após o *Impeachment* de Fernando Collor) a cadeira de ministro da Fazenda de Itamar Franco e implantar o ambicioso Plano Real, que pela primeira vez em anos, colocou a economia nos eixos, reduziu drasticamente a inflação e deu poder real de compra às famílias brasileiras.

Tal mérito rendeu a ele a popularidade necessária para vencer em primeiro turno o segundo colocado, o ex-presidente Luiz Inácio Lula da Silva, que a partir de então tornou-se seu principal opositor e inimigo político.

Curiosamente, Lula e FHC vieram das mesmas matrizes ideológicas preponderantes no Brasil do século XX: o marxismo, o gramscismo e demais filosofias da famosa Escola de Frankfurt. Digo, "vieram" no sentido meramente de "grupo", pois como é sabido, Lula sempre desprezou as atividades intelectuais e sempre que tem a chance faz ode à ignorância.

Os embates políticos da década de 1990 giraram basicamente em torno dessas duas figuras, sendo que as mídias convencionais, juntamente com as elites econômicas, não davam margem para personagens de outros espectros políticos, como no caso do Dr. Enéas Carneiro – único conservador em evidência naquele contexto.

As afinidades ideológicas entre estes dois vultos da política brasileira, por sua vez, nunca foram para Lula e o PT um empecilho no sentido de denegrir a imagem do então mandatário e do seu partido, o PSDB. As acusações iam da corrupção, pedidos de *impeachment* a cada duas horas durante oito anos, até críticas aos programas sociais como o Fome Zero, o Vale Gás e o Bolsa-alimentação (mais tarde unificados e rebatizados com o nome de Bolsa Família). "Lamentavelmente, no Brasil, o voto não é ideológico. Lamentavelmente as pessoas não votam partidariamente. E lamentavelmente você tem uma parte da sociedade que, pelo alto grau de empobrecimento, é conduzida a pensar pelo estômago, e não pela cabeça", versou à época o chefe do Petrolão que fez do Bolsa Família o maior curral eleitoral da história do país.

Em 2002 o papel é invertido, e Lula chega enfim à Presidência da República. Nos anos que se seguiram, os discursos foram sendo vencidos pelos fatos, e o primeiro escândalo de corrupção abalou a então "ilibada" moral petista: o mensalão, início de um movimento de corrupção endêmica que, na prática, serviria para um projeto ambicioso e criminoso de perpetuação do poder pelo Partido dos Trabalhadores. E o que fez, então, FHC? Covardemente orientou seu partido e seus partidários a não reagirem, pois segundo sua ótica, era melhor deixar Lula e o PT "sangrarem" até a derrocada do que levar o estigma de golpistas. Sua covardia levou a que o país inteiro sangrasse até à exaustão.

Em 2014 deu-se início à Operação Lava Jato, cujo sucesso só foi possível graças ao apoio da grande maioria da população, abatida e indignada pelos crimes e pelo atrevimento dos canalhas disfarçados de defensores dos pobres. E, mais uma vez, o que fez FHC? Deu inúmeras declarações que iam na contramão da justiça e dos anseios populares.

Destronados definitivamente do poder em 2016 pelo *Impeachment* de Dilma Rousseff, e selando-se pelas urnas em 2018 a vitória do então presidente Bolsonaro, o PT passou a contar definitivamente com o seu outrora arqui-inimigo. Em um de seus posts no Twitter, FHC convocou a "resistência" a ler e acompanhar editoriais e comentaristas de jornais e TV, exaltando o artigo de Flávia Oliveira, do jornal O Globo, cujo título soa bastante intuitivo: "O ano em que corremos perigo".

O artigo, sem delongas, é mais do mesmo: "defesa da democracia", "meio ambiente", suposto "genocídio indígena" etc. FHC, usando da retórica viciada da jornalista, cinicamente ignora que o perigo sempre esteve, na verdade, na outra ponta. Mas como exigir coerência de um homem que por conveniência fora covardemente omisso durante os longos anos de sucessivos assaltos aos cofres públicos? Como explicar o assédio (real) à democracia, patrocinado, inclusive, por agentes externos?

Fernando Henrique Cardoso, ex-presidente e sociólogo esquecido, após ter levado seu partido à derrota em 2002; e depois de assistir passivamente a todos os escândalos que sacudiram o país nos últimos anos levando o Brasil à pior crise econômica da sua história, hoje, cinicamente, vê fascismo e ataque à democracia até em copo de leite.

Virou uma figura patética e caricata. Para ser mais claro e preciso, transformou-se em uma múmia falastrona, e não é em relação à sua condição física, mas pelo embasamento de suas ideias e opiniões políticas.

O programa Roda Viva há muito tempo se transformou em uma "roda morta". Só esqueceram de enterrá-lo

RODA MORTA

O programa Roda Viva, o mais longevo da TV brasileira do gênero 'debates e entrevistas', inaugurou na TV Cultura no dia 29 de setembro de 1986. Ao longo de sua história, foram entrevistados diversos líderes políticos, escritores, esportistas, filósofos, músicos e outras personalidades do Brasil e do exterior. A lista é tão grande que fica até difícil escolher quem citar aqui, mas vale uma breve recordação de algumas grandes personalidades: Fidel Castro, Hugo Chávez, Ayrton Senna, Millôr Fernandes, Luís Carlos Prestes, Chico Anysio, Paulo Francis, Éneas Carneiro, Roberto Campos, José Saramago, entre outros tão ou mais importantes nas áreas das artes, filosofia, política e entretenimento.

O principal programa desse gênero, ao longo de sua trajetória, proporcionou a quem se interessa pelo que têm a falar as grandes personalidades que sentaram no "centro da roda". Vastos debates de ideias, conhecimento e entretenimento nos seus mais de 30 anos de existência. Proporcionou também momentos hilários como o da participação do então candidato a presidente da República de 1994, Orestes Quércia, no mesmo ano no programa. Na ocasião, o então jornalista Rui Xavier, do jornal 'O Estado de São Paulo', que estava na bancada como um dos entrevistadores, provocou o presidenciável por um suposto ato de corrupção; Quércia perdeu o controle e começou a discutir ferozmente com o jornalista chegando a um ponto em que ambos quase saíram no soco. O âncora teve de pedir à produção a entrada dos comerciais para acalmar os ânimos. Épico!

É sabido que "imparcialidade" jornalística é uma coisa que só existe no campo da teoria. Muitos militantes disfarçados de jornalistas provocam, em suas respectivas áreas, apenas para defender suas ideias ou algum político de estimação. Com o Roda Viva isso não foi diferente. Apesar da alta qualidade do programa, não foram raras as vezes em que militantes atuaram no programa apenas para defender suas questões ideológicas. Foi assim nos anos 80, 90 e 2000.

Mas, nos últimos anos, o programa virou uma caricatura. Ficou péssimo em todos os sentidos: desde os âncoras, passando pelos jornalistas da bancada até os convidados. Refiro-me exatamente aos dois últimos anos, após a saída do âncora, Augusto Nunes, que fez o programa bater recorde de audiência no dia 26 de março de 2018, numa entrevista exclusiva com o então juiz da Lava Jato, Sérgio Moro. Foi seu último programa.

Augusto Nunes, um jornalista sempre discreto e profissional (o melhor da velha-guarda ainda vivo), sempre evitou falar o porquê de sua saída da TV Cultura, até que por respeito aos seus leitores, fãs e ouvintes e ao bom jornalismo, resolveu explicar o que o motivou a sair do Roda Viva. Basicamente, foi por pressão política da direção do programa, já que aquele ano (2018) seria ano de eleições. Augusto denunciou que o conselho do programa queria que ele escolhesse para ser entrevistados políticos amigos ligados aos conselheiros. Augusto não concordou com essa suposta proposta e resolveu não renovar o contrato com o programa. Na sua despedida, em seu último programa, deixou um aviso: *"Espero que o programa continue seguindo a rota do jornalismo independente'. Porque é uma rota perigosa, mas é a única que leva a um bom porto. Eu fiz a advertência. Se o Roda Viva seguir, ele sobrevive; senão, ele morre"*.

Dizer que este aviso foi profético é redundância. De lá para cá o programa foi só ladeira a baixo: Âncoras despreparados e deselegantes, pseudojornalistas convidados a dedo apenas para fazer ponte e levantar a bola para convidados que se alinham ideologicamente com a direção do programa. Um horror!

O último desastre proporcionado pelo programa foi a participação do youtuber Felipe Neto, no dia 18 de maio de 2020, para discutir (tentem não rir) as "questões sérias da política brasileira" (aspas minhas). Tudo constrangedoramente armadinho e bonitinho como manda o roteiro do novo Roda Viva: âncora, jornalistas militantes e um convidado afinadíssimo com todos em responder as perguntas embaladinhas. Neste, que pode ser considerado um dos mais melancólicos e constrangedores episódios do jornalismo brasileiro, não deu para saber quem era o convidado, a âncora e a equipe de bancada, já que todos estavam alinhados em apenas jogar para plateia um conceito coletivo, e não um debate de ideias.

O embate crítico e reflexivo – característica que sempre foi a marca do programa, nos últimos dois anos já vinha sofrendo em estado terminal.

No dia18 de maio de 2020, levou um tiro de misericórdia.

***

Exigir uma pureza e imparcialidade no jornalismo é uma utopia. Por mais que um veículo de comunicação tente provar para você que ele é "independente e imparcial", no fundo, ele só está tentando vender um produto embalado numa mentira. Sempre foi assim e não há problema em assumir "um lado", desde que qualquer meio da imprensa seja honesto em relação a isso.

Mas, no Brasil pós-2018, foi descortinado de que lado realmente a grande mídia está. O que era só uma desconfiança, por trás de uma suposta imparcialidade, nossa extrema imprensa assumiu o caráter progressista: um colunista da Folha de S. Paulo, o maior jornal em circulação do Brasil, pediu a morte do atual Presidente da República (assim mesmo, sem aspas e literalmente). Mesmo sendo um artigo de "opinião", não houve repúdio por parte dos seus pares. O "ódio do bem" deste jornalista ficou reconhecido como "liberdade de expressão" pelos gigantes midiáticos brasileiros e tudo ficou por isso mesmo. Nem a nossa Suprema Corte, atualmente a maior caçadora de *fake news* e de "jornalistas do ódio", deu bola. Grotesco.

Outro jornalista, desta vez de O Globo, escreveu um artigo com o seguinte título no dia 12 de julho de 2020, em sua coluna: "É hora de perdoar o PT". Sim, um articulista do maior conglomerado midiático da América Latina disse que o povo brasileiro deve perdoar a maior quadrilha de todos os tempos. Também sem aspas e sem retoques.

Semanas antes, Luís Lacombe, jornalista da BAND, cujo programa é um dos maiores em audiência em sua faixa de horário, foi despedido da emissora por ter revelado publicamente ser "conservador". Isso mesmo. Para o jornalismo progressista de uma das maiores repúblicas do mundo, cuja população é majoritariamente cristã, assumir-se conservador é um pecado.

Há muito, ninguém liga para o que a extrema imprensa do Brasil diz. A internet tem cada vez mais tomado lugar destes que dizem ser os portadores do suprassumo da verdade, e o que sobra é só a chacota.

Independentemente de ser progressista ou de direita, a extrema imprensa do Brasil tem lado. E não é o seu.

Imagine que, de repente, uma turma composta por onze figuras mais assombrosas de que se tem notícia, e que costumava fazer tudo "escondidinho", resolve pegar a direção do Brasil para fazer às claras tudo aquilo que faziam às escuras...

11 MÚMIAS

A máxima "o Brasil não é para amadores" já está atrasada há pelo menos uns 20 anos. O Brasil não é para ninguém, com exceção, claro, para as castas grudadas na cadeira dos três poderes.

E destas três castas, uma que resolveu fazer do Brasil um lugar ainda mais insuportável é o STF (Supremo Tribunal da F******) do qual as 11 múmias lá sentadas (mas que exigem que você, cidadão comum, as chamem de "vossas excelências"), indicadas por padrinhos políticos, resolveram descer para o play de vez e brincar de governar o País.

Se não bastasse o atraso a que estas 11 múmias levaram o Brasil quando elas ainda se fantasiavam de "guardiãs da Constituição Federal", agora resolveram que quem manda na parada são elas, e só elas. Numa tacada só viraram Presidente da República, 513 deputados federais, 81 senadores, Ministério Público, investigadores, delegados, polícia e... juízes! Agora é tudo com elas.

Com estes 11 "tudo" o brasileiro perdeu a paz de vez. O homem de bem destas terras, que já não dormia tranquilo há muito tempo, não terá mais um minuto de sossego depois que um presidente inepto deixou de governar para tentar abafar "rachadinhas" do filho mais velho, entregando a nação a um conjunto de velhos que estão lá só para servir a si próprios e aos seus patronos.

Vamos fazer uma breve retrospectiva aqui para nunca esquecermos para o que estas 11 excrecências, digo, excelências, serviram até hoje. (Segue em negrito): **enterrar a 'Lava Jato'; acabar com a prisão em segunda instância para soltar Lula do xilindró e demais corruptos de estimação; salvar o presidente Vampiro de uma cassação; derrubar a 'Operação Castelo de Areia'; quase melar o *impeachment* da Mulher-Sapiens; e por pouco, mas por muito pouco, não enterrar o julgamento do 'Mensalão'.**

Só os motivos elencados acima, fazem qualquer cidadão bom da cabeça querer mudar de planeta, não é mesmo? Mas segura essa: nossos 11 comedores de lagosta encastelados, para desgraçar ainda mais a vida do povo sofrido que vegeta aqui ao Sul, decidiram inventar uma criatura chamada "Inquérito sobre *Fake News*", que nada mais é do que uma amordaça sobre críticas a qualquer membro habitante do sarcófago mais caro do universo.

Isso quer dizer, na prática, que de agora em diante, qualquer crítica às 11 múmias pode ser entendida como "ameaça" ou "fake news", e que isso pode o levar, no caso mais brando, a uma censura; e no caso mais "sério", para o fundo de uma gaiola – sem direito a um *habeas corpus*, pois, quem vai julgar se você tem esse direito de receber este benefício (PAUSA PARA VOCÊ CHORAR DE RIR OU RIR DE TRISTEZA) é uma das 11 múmias!!! Entendeu?

Resumindo a ditadura de toga: Se por acaso alguma das 11 carcaças entender que você está espalhando notícias falsas ou fazendo críticas que "atingem a honra do tribunal" ou a "de algum membro", elas mesmas podem DENUNCIÁ-LO, ACUSÁ-LO, PRENDÊ-LO, JULGÁ-LO, mantê-lo PRESO, e lhe negar um *habeas corpus*, pois, acima delas, você poderá recorrer somente a Deus!

Claro. Esse trabalhão todo é porque falta corrupto para prender, já que o tal Tribunal do Santo Ofício resolveu soltar quase todos. Então, como sobra tempo, os nossos 11 em campo resolveram inventar serviço para valorizar seus salários milionários.

A tal propagada ditadura que disseram, que ao Brasil chegaria, chegou chegando, e é bom de agora em diante você ter cuidado com o que fala: uma múmia dessas pode pegá-lo pelo pé e você poderá correr o risco de nunca mais ver o sol nascer redondinho.

***

Uma múmia do STF não cai lá por acaso. Se o Brasil de hoje (2020) ainda é atrasado e o deixa mais infeliz por conta de um togado, seguem aqui os responsáveis para que você nunca esqueça, depois de ler este livro, o motivo da "terra abençoada por Deus" parecer que foi esquecida por Ele. (Segue em negrito): **José Sarney, Fernando Collor de Mello, Fernando Henrique Cardoso, Lula, Dilma, Michel Temer.**   Se isso não o deprime, nada mais o fará.

Os aiatolás ocidentais resolveram reaparecer. E estão botando para quebrar!...

OBSCURANTISMO

Preste a atenção nestas manchetes publicadas nos principais veículos de comunicação do Brasil nas últimas semanas do mês de junho de 2020: *"Aeroporto muda de nome após descobrir que ator era racista e homofóbico";

***Bombril é acusada de racismo por relançamento de produto dos anos 50;**

***L'Oréal vai retirar termos como 'branqueador' e 'clareamento' dos seus produtos";**

***"Ativistas negros questionam se brancos protestam por modismo";**

***"Seriado 'Os Simpsons' não usará mais atores brancos para dublagem de minorias;**

***"Coca-Cola suspende anúncios nas redes sociais em campanha antirracista";**

***O filme '...E o Vento Levou' é retirado de plataforma de streaming após protestos contra o racismo;**

***"ONU declara apoio aos antifas e apaga postagem".**

Se estivéssemos na Idade Média, e na época existisse internet, é possível que as manchetes acima soassem normal para a sociedade, afinal, estaríamos na "idade das trevas", não é mesmo? Mas não, estamos no século XXI, no auge da Terceira Revolução Industrial e, o mais temeroso, é que soa "normal" nos dias de hoje.

Numa onda obscurantista, de repente o ocidente, de todas as formas, se ajoelha à patrulha politicamente correta que tenta reescrever a História. Reescrever a História foi um recurso que os piores ditadores do século XX tentaram aplicar censurando obras de arte e filmes, apagando fotografias, queimando livros, e no final, vimos no que deu. Se você prestar bem a atenção às notícias que transcrevi aqui neste texto, verá que há uma semelhança ideológica incrível com as piores perseguições ocorridas a minorias, a artistas ou a quem ousasse criticar o *status quo* das nações mais sanguinárias do século passado. A diferença é que agora o papel está invertido. No afã de supostamente lutar contra o racismo, grupos formados mundo afora por diversas etnias se enervam violentamente contra tudo e contra todos que eles consideram "racista", fazendo com que outros grupos se abdiquem da liberdade de pensamento – uma das piores formas de opressão que é o aprisionamento de ideias de quem pensa o contrário.

A grande verdade, e que muitos não dizem por medo da perseguição dos que supostamente se sentem oprimidos, é que estamos fazendo nossa revolução islâmica. Nossos aiatolás estão por aí dizendo o que você deve ou não assistir, os termos que você deve ou não pronunciar, as piadas que você deve ou não fazer, o tipo de arte que você deve ou não construir, os produtos de quem você deve ou não consumir, e em qual momento você deve ou não falar.

A busca pelo revisionismo histórico perseguido por estes aiatolás ultrapassou o grau de demência, encontrando na tirania sua pior forma. E quem aplaude essa loucura toda com um sorriso de canto a canto? A ONU com seus tiranetes grudados em altos cargos dentro da organização, políticos canalhas que se valem dessas pautas para se promoverem, os politicamente corretos com suas falsas auras de moralidade que escondem a pequenez de suas hipocrisias, a imprensa lacradora, as grandes empresas que só querem atingir um nicho escondendo por trás disso uma mentira de que estão atuando no combate ao racismo... É muita gente fazendo parte e aplaudindo este show de horrores.

O ator John Wayne era racista e homofóbico? Sim, era, mas não é mudando nome de aeroporto e boicotando seus filmes que se resolverá o problema. Por trás do ator preconceituoso existe um grande acervo cinematográfico de um excelente artista que faz referência a uma época, que explica um momento da história da humanidade; e não o esquecer é lembrar que o racismo, a homofobia e o preconceito sempre estiveram e estão presentes, e que combatê-los se faz necessário continuamente. O mesmo acontece com a obra-prima '...E o Vento Levou'. O filme faz parte da memória da humanidade e também faz referência a uma época. O grotesco anacronismo dos "antirracistas", que se valem de expedientes fascistas para tentar apagar a memória da História, só demonstra que por trás de uma causa nobre se esconde apenas um fundamentalismo.

Dizem os progressistas que o politicamente correto é a "luz" que nos guiará rumo ao porto seguro da civilização, mas tudo que essa chaga tem produzido é a barbárie travestida de realocação social. Os antifascistas e antirracistas modernos são uma amostra grátis desta barbárie.

A Coca-Cola, a L'oréal, os produtores de Os Simpsons, a HBO, a ONU já saudaram com veemência os mais novos supremacistas do século XXI. Agora, só falta o Papa canonizá-los e encontrar um lugar sagrado para estes grandes guerreiros decapitadores de estátuas, bem ali, entre Gênesis e o Apocalipse.

***

O Brasil, quando se trata de andar para trás em relação a outras nações, sempre está à frente. Se o assusta aquilo que os "antifas" e os "antirracistas" estão fazendo com o mundo atualmente, provavelmente você perdeu o prefácio deste teatro bizarro, acontecido aqui mesmo, nas terras tupiniquins.

Em 2012, supostos movimentos sociais denominados antirracistas tentaram barrar obras de Monteiro Lobato distribuídas pelo governo, por considerá-las racistas e sexistas. O Instituto de Advocacia Racial e Ambiental (Iara) protocolou, na época, representação na Controladoria-Geral da União (CGU) pedindo que as obras deixassem de integrar o Programa Nacional Biblioteca na Escola (PNBE), que distribui livros a bibliotecas escolares do país. O MEC bateu o pé não admitindo qualquer censura nas obras de Lobato, e o impasse foi parar no STF, e acredite, há oito anos na gaveta, ainda não foi proferida qualquer decisão da Suprema Corte em relação ao caso.

Como está na moda o anacronismo e o racismo praticados por grupos que se denominam antirracistas, é bem provável que a nova composição de nossa Suprema Corte, tão engajada atualmente, bata o martelo decidindo que Monteiro Lobato era sim, racista, ordenando à Polícia Federal uma condução coercitiva do autor de 'Negrinha'.

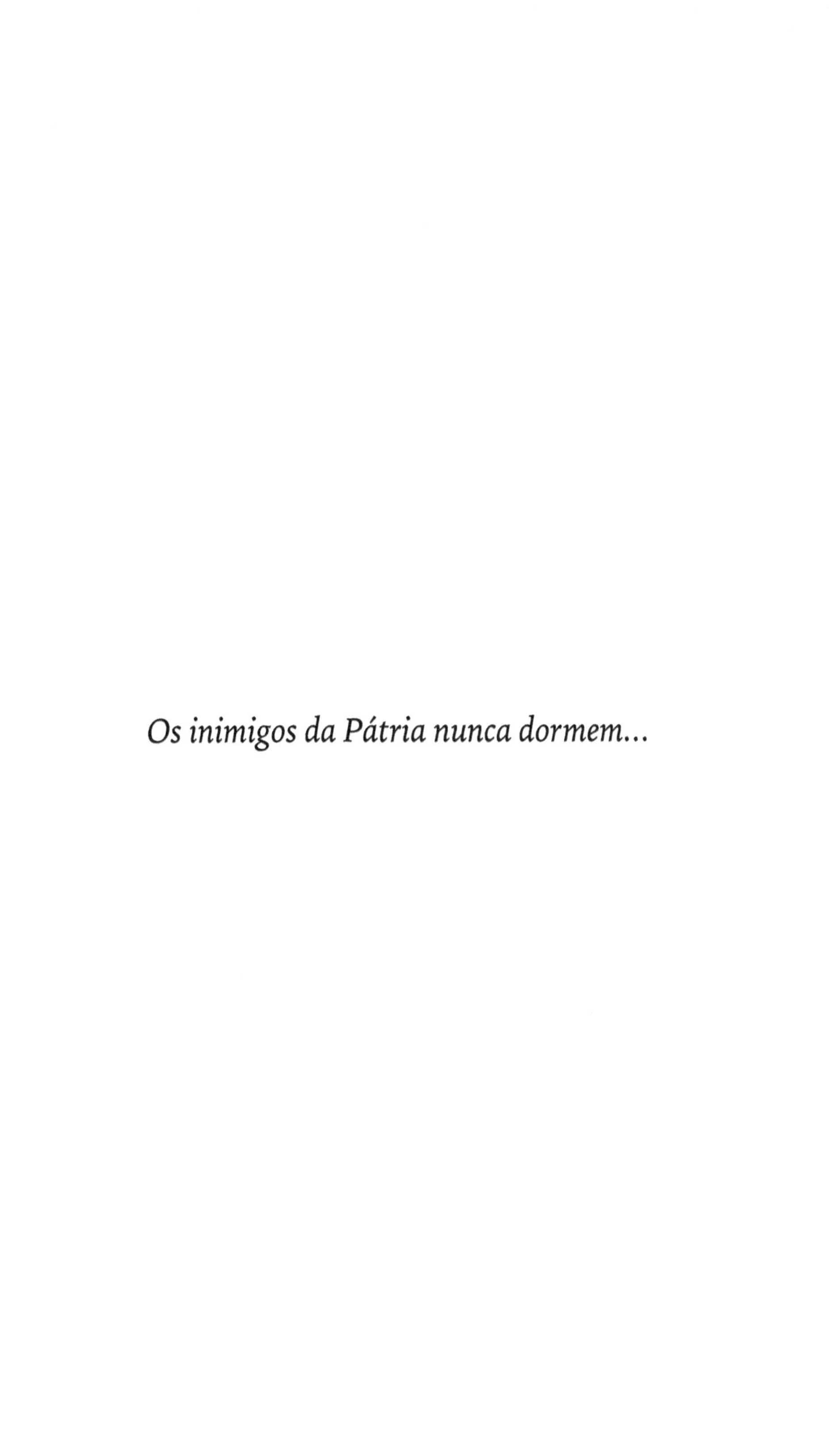

Os inimigos da Pátria nunca dormem...

A REPÚBLICA DOS CANALHAS – UM BREVE ENSAIO: DA CONSTITUIÇÃO DE 1988 A 2020

A Constituição da República Federativa do Brasil de 1988 foi promulgada no dia 05 de outubro daquele ano. Em 2008, em entrevista à jornalista Teresa Cardoso, da Agência Senado, disse o ex-presidente e ex-senador, José Sarney: "A inclusão de todas as reivindicações corporativas tornou o país ingovernável, fazendo da Constituição Federal algo mais grave do que um Frankenstein". Para Sarney, o texto da Constituição Federal, que completara duas décadas em outubro de 2008, "misturou as competências dos Poderes e permitiu que as Medidas Provisórias se tornassem o meio principal de legislar".

O ex-presidente e ex-senador parece ter sido assertivo. A ânsia de colocar no texto da CF todos os direitos possíveis de todas as classes sociais para que assim o País se redimisse perante os cidadãos, depois de 21 anos de ditadura, fez com que nossos constituintes criassem um monstrengo difícil de se compreender. Ninguém compreende.

De 1988 para cá, foram remendando o negócio para tentar tocar o Brasil para frente. À medida que iam remendando, foram rasgando-o também. No famoso 5º artigo da joça diz-se basicamente que todo mundo tem direito a tudo, ou seja, todo mundo "tem o direito de ser feliz" (aspas minhas). Lindo, não? Mais utópico do que isso só um livro de Karl Marx.

Se todo mundo tem direito "a tudo" como diz o texto da CF, o que teria dado errado para nós, meros cidadãos comuns? Como uma Constituição tão bonitinha deixou que o Brasil se tornasse uma "República de Canalhas" onde 513 deputados federais (e mais uma penca de estaduais), 27 governadores, 81 senadores, milhares de prefeitos e vereadores, 11 ministros do STF e sete Presidentes da República não conseguissem que a oitava economia do mundo amparasse com decência o seu povo?

Apesar dessa gente toda que está aí nos custando bilhões ao ano, nossa CF (Constituição Feliz) nunca nos desamparou. Como ela "presenteou a todos com tudo", graças a ela, passamos a ter saúde universal através do ma-ra-vi-lho-so SUS onde pessoas morrem nos corredores fétidos dos hospitais (o morrer aqui é de forma literal). Passamos também a contar com o ensino universal, ou seja, PARA TODOS, onde este sistema perverso multiplica analfabetos funcionais – da tenra idade à universidade. Palmas. E a segurança universal? Claro que temos! Nossa Constituição a provê, e as seis dezenas de milhares de assassinatos anuais são só um mero detalhe. Salário mínimo? Leis para proteger o trabalhador? Temos! Mas o desemprego também é um detalhe à toa. Uma classe artística pujante, intelectuais, jornalistas engajadíssimos, professores e universitários para defender os "direitos sociais", o SUS, o salário mínimo, o ensino universal, os "direitos do trabalhador"? Temos!!!

É claro que tudo isso não passa de uma piada; o Brasil é uma anomalia e os supostos direitos concedidos ao povo são pagos por este através de uma sopa de letrinhas incompreensíveis (ICMS, IPI, IR, IPTU, ISS, Cofins, Cide, IPVA...). Só um ignorante crônico pode sair em defesa do governo (qualquer governo) e dizer que temos "serviços universais grátis oferecidos pelo Estado". Mas é justamente isso que nossas classes pensantes adoram fazer. Amam, inclusive, fazer comparações fajutas entre "nossos direitos" e os "direitos" dos estadunidenses, só para se reafirmarem através do antiamericanismo tolo. São uns salafrários.

Voltando. O que importa se temos a Constituição mais fofa do mundo se ela não passa de uma quimera e os inimigos da Pátria nunca dormem? De Collor a Bolsonaro, eles nunca dormem.

De 1988 até os dias atuais, patifes de vários espectros ideológicos amontoados em diversos cargos da República saquearam e pilharam o povo através do confisco da poupança, privatizações duvidosas, do Mensalão, do Petrolão e inúmeros outros esquemas. E o pior, fizeram isso à luz do dia, com a divina proteção do STF e apoio dos fã-clubes de político ladrão. Sim! Temos aos milhões dessa raça espúria que são tão pulhas quanto os piores malandros da República. Gente que é sinônimo do atraso.

32 anos depois da Constituição Cidadã e sete presidentes, como está o Brasil e para onde vamos? Para onde vamos é muito difícil cravar, mas a julgar pelo comportamento passivo do cidadão de bem, que parece ter se cansado de ir às ruas clamar por mudanças, o

caminho é tortuoso. Como está o Brasil é fácil responder: continua tão surreal quanto o Brasil de Fernando Collor de Mello. Um presidente metido a caçador de comunistas inepto, ignorante e fajuto no poder; um STF desmoralizado, que ao invés de honrar com suas obrigações, resolveu brincar de pega-pega com blogueiros da direita ordinária e com jornalistas assumidamente conservadores; um congresso se aproveitando de uma pandemia para poder saquear o País; prefeitos que possivelmente sairão ricaços no pós-pandemia; e o povo trancafiado dentro de suas casas há meses, reféns destes seres abjetos. Como eu disse, surreal.

Tudo isso quer dizer que a tão aclamada Constituição Cidadã, a qual este texto não perde de vista, é um mero livro de contos de fadas o qual os canalhas usaram como desculpa para fazer todo tipo de trapaça com o povo brasileiro nos últimos 32 anos. Acreditar que existam direitos para todos e deveres por parte de todos é um deboche. A cada ato do executivo, legislativo e judiciário a pobrezinha é tratada a pontapés.

O Brasil de 2020 tem a essência, corpo e alma de qualquer tirania do século XX. Se duvida, ouse confrontar, mesmo que de forma democrática, alguns dos senhores sentados numa das cadeiras dos três poderes. A Constituição lhe garante a liberdade de expressão e o direito de ir e vir, mas não há garantias de que qualquer autoridade do Brasil 2.0 respeitará isso.

A mentira define o Brasil.

CAPÍTULO II

A arte do sarcasmo
por eles mesmos

"Não é 30% dos recursos da exploração. É 30% de 25%. Ou 30%… de 30%. Portanto, não é 30%. Está entre 7,5% e um pouco mais, 12,5%. Não se trata de 30%…":

*"Há uma diferença entre o Hitler e o Stálin
que precisa ser devidamente registrada.
Ambos fuzilavam os seus inimigos, mas o
Stálin lia os livros antes de fuzilá-los. Essa é
a grande diferença":*

"Tem que manter isso aí, viu?":

"A Venezuela é uma democracia tão democrática quanto a brasileira e a americana":

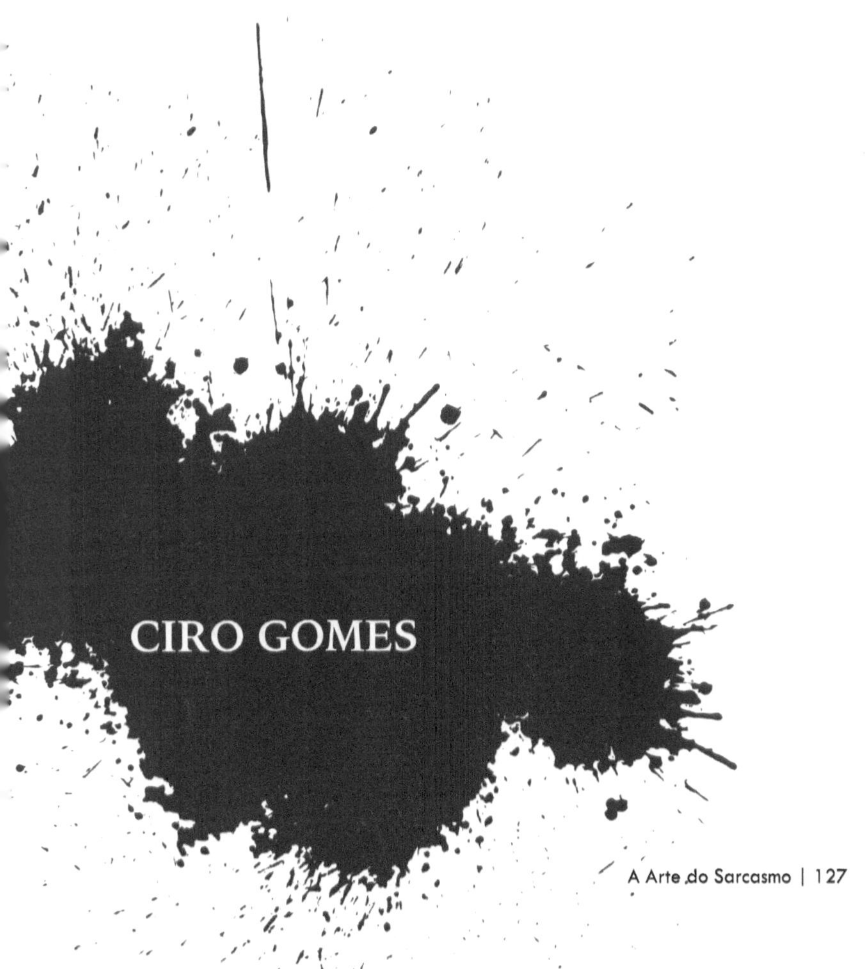

"Eu ando com sem-terra, ando com sem-teto. Só
não ando com sem vergonha":

GUILHERME
BOULOS

"Que Deus tenha misericórdia dessa nação".
(Frase proferida no dia do julgamento pelo
afastamento da então presidente Dilma):

"*Temos um encontro marcado com essas alongadas prisões em Curitiba*":

"Tem que resolver essa porra... Tem que mudar o governo para poder estancar essa sangria":

ROMERO JUCÁ

"Tem que ser um que a gente mata ele antes de fazer delação":

AÉCIO
NEVES

"Tem que ser um que a gente mata ele antes de fazer delação":

"Dilma é honrada e não está envolvida em corrupção":

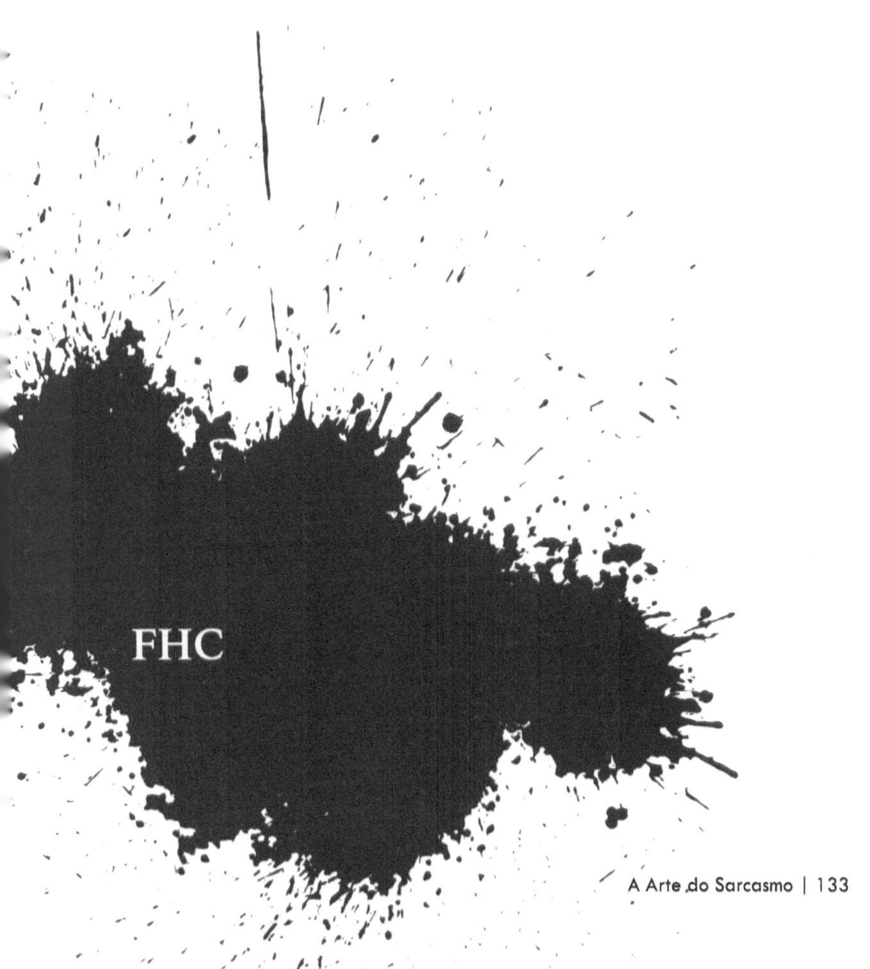

"Não existe viva alma mais honesta do que
eu nesse país":

LULA

"Não existe viva alma mais honesta do que

"A minha família é limpa na política":

"Só quem tem que ser politicamente correto no Brasil são os políticos"

(Jô Soares)

CAPÍTULO III

Bônus: uma breve digressão sobre o "politicamente incorreto"

*A loucura nossa de cada dia que era assistir TV
no Brasil nos anos 80 e 90...*

O POLITICAMENTE INCORRETO NA TV BRASILEIRA NOS ANOS 80 E 90

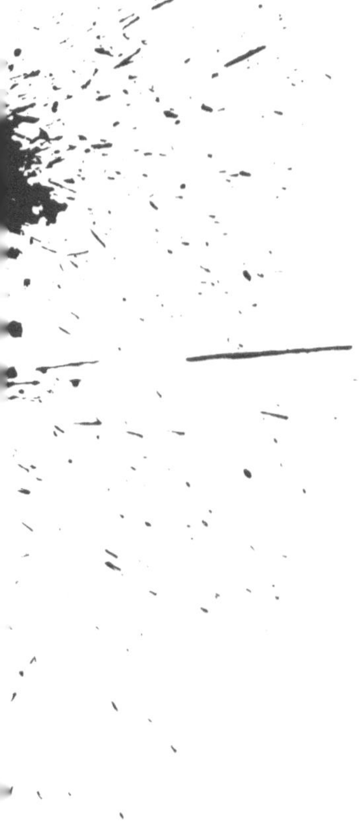

Houve um tempo, não muito distante, em que nossos canais de TV eram os principais veículos de comunicação do povo brasileiro. Foi um tempo em que o limite era não ter limites e isso nos presenteou com programas épicos, cenas clássicas e momentos "absurdos". E o que este texto procura é resgatar uma pequena fração da memória muito "punk" da TV aberta de um Brasil não muito distante do "nosso tempo". Vamos lá!

Às oito da noite a "família tradicional" brasileira sentava-se reunida na sala para assistir a novelas como 'Tieta', da TV Globo, cuja abertura tinha a maravilhosa Isadora Ribeiro peladíssima num mosaico "erótico-artístico". Às nove e meia era a hora do "cidadão de bem" trocar de canal para a extinta Rede Manchete e se deleitar com a novela 'Pantanal', que exibia em meio às belíssimas cenas pantaneiras uma mulher nua a cada 30 segundos (isso, durante um ano). Era puro êxtase!

Ainda, na Rede Manchete, tínhamos o 'Carnaval da Manchete', que embora mostrasse os desfiles tradicionais como na sua concorrente, a Rede Globo, o canal fazia questão de mostrar o "submundo" da maior festa do planeta; e por aí dá para imaginar que tipo de cenas a típica "família tradicional" brasileira via transbordar pela tela da TV. Essa parte só perdia para o 'Carnaval das Brasileirinhas'; mas perdia por muito pouco.

Os programas infantis eram um caso à parte. No caso do programa 'Clube da Criança', que estreou sendo apresentado pela Xuxa em meados dos anos 80 e posteriormente pela Angélica, embora seguisse quase todos os ritos de um programa infantil com desenhos, brindes e tudo mais, havia dias em que a molecada se deparava com a Xuxa trajando – sem exagero! – roupas menos comportadas que uma prostituta de subúrbio. Afora os referidos trajes da apresentadora, em todos os programas infantis da década seguinte contavam-se com ilustríssimas presenças dos 800 mil grupos de axé-pagode-samba e suas bailarinas seminuas ensinando a meninada a "ralar" até embaixo na "boquinha da garrafa". Educativo era pouco.

Já a função do palhaço Bozo era fazer *bullying* com os infantes em seu programa entre uma brincadeira e outra. Se o programa existisse hoje tal qual era nos anos 80, a patrulha politicamente correta e dos justiceiros sociais provavelmente linchariam em praça pública nosso melhor e mais famoso palhaço na primeira oportunidade.

Aos domingos, no SBT, um dos quadros mais importantes do programa 'Domingo Legal' era a 'Banheira do Gugu', a principal atração do expectador brasileiro. Era essa a hora em que a casa ficava toda reunida como se fosse fazer uma prece para vibrar com artistas de terceira categoria mais uma "Modelo" de biquíni dentro de uma banheira com espuma, tentando agarrar um sabonete. O momento mais importante era quando o cinegrafista conseguia – imagine você – sem pretensão nenhuma, captar a imagem da "Modelo" do programa na posição de quatro. A imagem que saltava da TV era uma beleza, sem contar que quase nunca a "Modelo", no meio daquela confusão toda dentro da banheira, conseguia deixar os seios devidamente guardados. Nossos almoços de hoje em família são bem menos legais que nos anos 90, acredite!

À noite, no horário nobre, enquanto o pau quebrava de um lado com as novelas da TV Manchete, do outro, tínhamos as minisséries Globais como "Engraçadinha" (baseada na peça de Nelson Rodrigues); "Cocktail" e "Sabadão Sertanejo" com – de novo! – "Modelos" ao fundo com os seios à mostra, no SBT; documentários sobre praia de nudismo em qualquer canal, ao invés de natureza geográfica, e por aí vai. (Um detalhe importante: em qualquer canal de TV da época que durante os comerciais se anunciasse alguma atração "baseada" em Nelson Rodrigues ou Jorge Amado você podia esperar que as obras dos citados autores eram só pretexto para botar mulher pelada na tela).

Às sextas, na BAND, dez da noite, era o dia do 'Sexta Sexy': uma sessão de cinema feita para garotos em plena ebulição hormonal. No catálogo, filmes – na maioria, americanos – do gênero *soft porn*. Com jeitinho, seu paizão orgulhoso deixava você poder ter aquela curtição assistindo àquelas magníficas atrizes siliconadas

Se hoje, a TV aberta à tarde só exibe "filme de cachorro", nos anos 90 corríamos depois da escola para poder assistir ao 'Cine Trash', também na BAND – uma sessão de filmes de terror apresentados pelo icônico 'Zé do Caixão', onde você podia contar com bastantes cabeças decapitadas, tripas, sangue e mulheres… nuas!
Nos outros canais, no mesmo horário, não era diferente: as listas de filmes iam do terror ao 'porn soft' e em algum dia da semana em

qualquer emissora e em qualquer horário rolava alguma pornochanchada com atrizes brasileiras que tinham mais pelos nas axilas que nas partes íntimas.

Luciano Huck estreou na TV no final dos anos 90 com o programa 'H', à tarde, e foi neste programa que uma geração de moleques cheios de espinhas conheceu Tiazinha e Feiticeira. Se a Pablo Vittar é a musa dos anos de 2020, nos anos 90 Tiazinha e Feiticeira eram duas das coisas mais perfeitas criadas pela natureza. Era loucura, loucura, loucura!

No meio dessa doideira toda nem o Canal do Boi escapou. Sim, me refiro àquele canal que fica passando boizinhos e vaquinhas o dia todo. Ao invés de algum pastor evangélico comprar um espaço no canal de madrugada para "vender" milagres a preço de ouro, como é de costume hoje, em 1999 algum maluco resolveu comprar o espaço para fazer outra coisa: botar *striptease* da meia-noite às seis da manhã misturado com esquetes de filmes pornôs americanos e venda de produtos eróticos. Era insano e uma legião de garotos daquele período desejaria ter nascido com cinco mãos direitas – e, no caso dos canhotos, cinco mãos esquerdas.

E tem mais: sushi erótico no Faustão, mulheres fazendo parto no Canal Saúde, bizarrices das piores formas no Ratinho, suicídio ao vivo em telejornal, comercial de cerveja com mulher de biquíni na praia no "horário infantil", o Didi (do programa 'Os Trapalhões') chamando nosso eterno Mussum de "Azulão" em referência à sua cor negra, cadáveres no programa policial 'Cadeia', na Rede CNT, em plena hora do almoço, bandas de rock pesado tocando em qualquer horário, Chacrinha botando o terror nas tardes de sábado e a lista não para...

Para quem nasceu nos anos 2000 e está lendo este texto deve estar se perguntando: "Mas a TV aberta era assim?". Era. A galera que comandava as redes de Televisão na época fazia de tudo pela audiência. Tudo. Não havia limites para a baixaria e o politicamente incorreto. A zoeira era total. Mas claro, havia também programas infantis com os melhores desenhos animados, animes, seriados; novelas mexicanas bregas e programas de auditório mais ou menos, digamos, "mais ou menos". O negócio era que a zorra era tão grande que tudo se confundia com tudo e como ainda não havia classificação indicativa, a garotada que assistia ao Pica-pau de manhã era a mesma que à tarde ia assistir a sangue, tripas e peitos no 'Cine Trash'.

O que há de se ter em mente sobre a época em que o politicamente incorreto dava a tônica é que qualquer que seja o julgamento, deve-se ter cuidado com o anacronismo. Do ponto de vista de quem vos escreve e dos meus amigos era divertidíssimo! Não havia internet e era muito parazeroso ligar a TV e sempre ficar na expectativa do efeito "surpresa". Até as propagandas eram épicas, fossem pela ousadia, fossem pela criatividade. Cito uma clássica. Em 1995 a empresa de chocolates 'Garoto' encomendou ao premiado publicitário Washington Olivetto um pequeno filme de quase três minutos o qual mostrava "os sonhos dos garotos". Nesta pequena obra-prima, garotos na puberdade sonham com garotas fantasiando-as e se descobrindo para a sexualidade. No roteiro, música ao fundo, de Frank Sinatra, e atuações da atriz Karina Bacci e de outras atrizes lindíssimas. Esta peça de Olivetto é um dos comerciais da TV brasileira mais famosos de todos os tempos e embora seja magnífica e sutil a abordagem da sexualidade através de uma propaganda de chocolates, jamais seria exibido em algum canal aberto hoje em dia.

Enfim, dividir o mesmo espaço com sua família para assistir às mesmas coisas sem a separação do que era "impróprio" ou não, não causava estranheza em ninguém porque simplesmente "era assim". Minha percepção própria, pessoal, é a de que foi uma infância feliz e divertida para uma geração, apesar dos poucos recursos financeiros de muitos e ausência tecnológica, como a internet.

A TV era uma espécie de oráculo do "nosso tempo" e curtíamos muito mesmo aquela loucura nossa de cada dia.

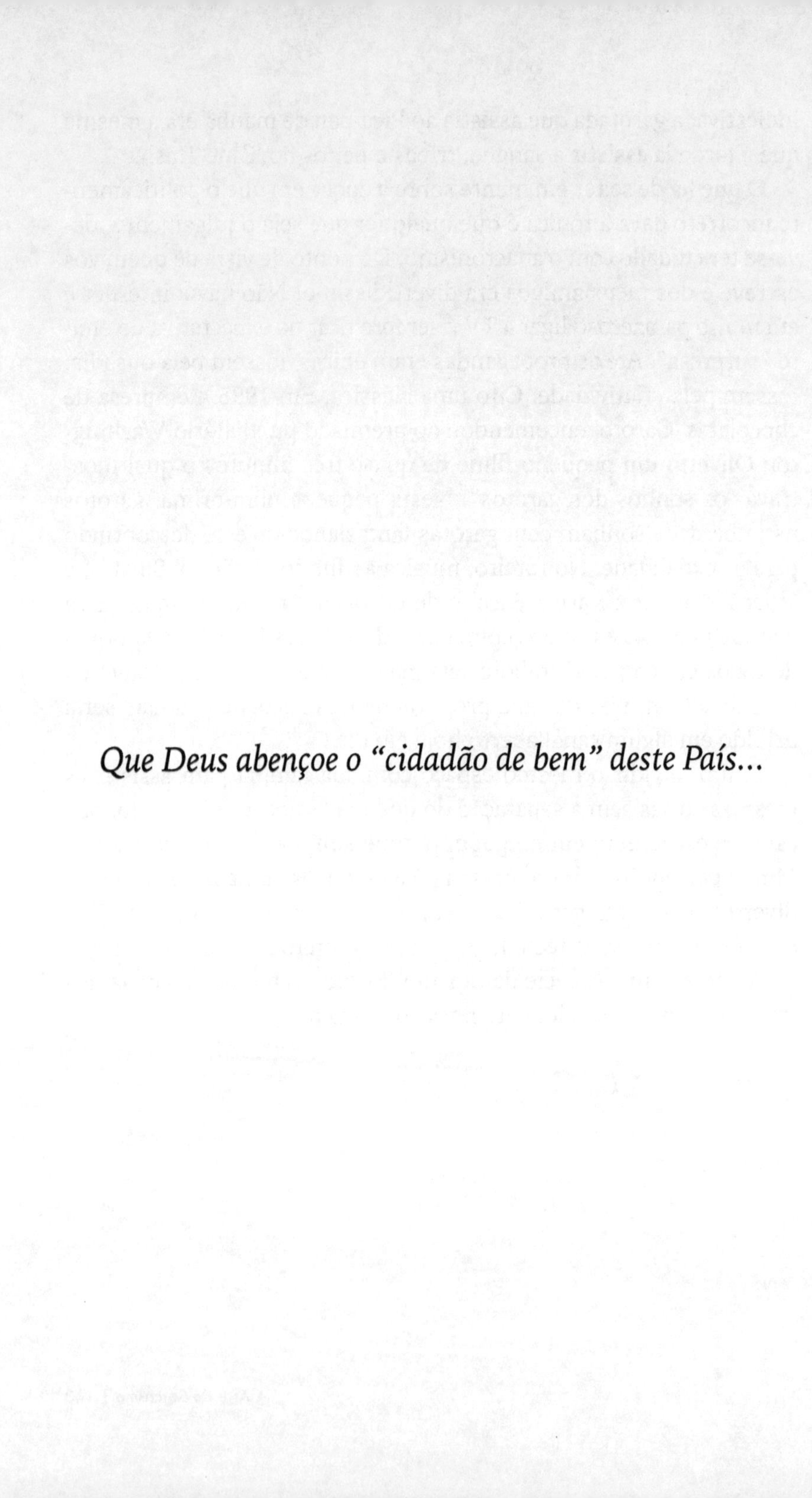

Que Deus abençoe o "cidadão de bem" deste País...

O POLITICAMENTE INCORRETO NA SOCIEDADE BRASILEIRA

Houve um tempo, no Brasil, em que a "família tradicional" sentava-se reunida na sala às sete da noite para assistir a novelas na TV onde a "sacanagem" já começava logo na abertura. O "cidadão de bem" era "confrontado" com as maiores "bizarrices" ou programas politicamente incorretos da TV brasileira; mas não se sabe se houve algum caso de que alguém que tenha crescido durante aquela época tornou-se um *serial killer* ou um pervertido sexual por conta disso.

Bullying você resolvia na porrada no meio da rua. Se não resolvesse, você apanhava em casa para resolver no outro dia. As "minorias" não precisavam de bandos que se acham moralmente superiores para "protegê-las": cada um cuidava da sua vida e corria atrás dos seus direitos. Os "viados" chamavam a seus pares de "bichas" e vice e versa. (Roberta Close era a transex mais famosa da época e não deva ter existido um garoto ou homem que não calejou a mão por causa dela...).

Os gays famosos mais bacanas de todos os tempos não iam para o Twitter para se vitimizarem: escreviam músicas, peças, poemas, filmes e se expressavam inteligentemente ou se engajavam através de suas artes. Gente como Ney Matogrosso, Renato Russo e Cazuza dava seus recados com classe e quase ninguém apontava o dedo sujo para eles por causa de suas orientações sexuais ou vida privada. Os fãs só queriam que eles escrevessem músicas boas e cantassem.

Não existia a patrulha dos infernos: os negões chamavam de negões os negões; os negões chamavam os branquelos de branquelos; e os branquelos chamavam os branquelos de branquelos e também de negões os negões; e "todo mundo se amava"...

Era um tempo em que universitários de "Humanas" estudavam; fumavam maconha também, mas estudavam. Não ficavam "problematizando" nada e tentando salvar o planeta. Professores davam aula ao invés de serem ativistas de partidos e defensores de políticos ladrões. Não existiam os malditos "digital influencer" nem os malditos youtubers de cabelos coloridos palpitando sobre a paz mundial e geopolítica. Éramos livres dos textões de Facebook feitos por semianalfabetos que acham que entendem de tudo: do fogo na Amazônia à suposta terceira guerra mundial.

Algumas feministas da época liam os livros clássicos sobre feminismo ao invés de fazerem protestos com os peitos (geralmente caídos) de fora e o sovaco peludo. Elas não procuravam "construir" uma sociedade feminista e nem se preocupavam em fazer com que toda mulher se transformasse numa pessoa azeda e rancorosa como as feminazi de hoje em dia são. Não se teve notícia de defecação em foto de político e nem crucifixo entranhado na vagina.

Era um tempo em que o "cidadão de bem" achava que bandido bom é bandido morto. Qualquer bandido. Era um tempo também em que você não precisava ter vergonha de bater no peito e dizer "SOU HOMEM, PÔ!". Nenhum cafajeste politicamente correto iria repreendê-lo.

Os cafajestes e os hipócritas sempre existiram, em qualquer época e em qualquer lugar, mas não chegavam ao nível de problematizar a "apropriação cultural", por exemplo. ("Problematizar: verbo dos diabos usado pela esquerda para infernizar o mundo). Os cafajestes daquela época também não usavam a palavra "fascista" como vírgula para julgar qualquer indivíduo que pensasse diferente. Imagino eu que os cafajestes de antigamente pelo menos sabiam o significado da palavra "fascista".

Os padres e bispos celebravam missa para seu rebanho e não envergonhavam seus seguidores fazendo 'showmissa' para ladrão embriagado. Depois da missa, bingo e leilão para ajudar a comunidade. Pecado que o fazia ir para o inferno era não seguir os dez mandamentos. Hoje, se você cortar uma árvore, seu lugar já está garantido nas caldeiras infernais, segundo o "Papa fofinho".

O "homem de bem" frequentava os puteiros em algum dia da semana enquanto sua dona cuidava dos rebentos, mas no domingo era dia de ir à igreja com toda a família dentro de um fusca esfumaçado de cigarro, e no porta-luvas um '22' para a segurança dos seus. As bandas de rock clássicas participavam dos festivais para levar entretenimento ao público e não para fazer proselitismo político. A "lacração", "a luta contra o capitalismo selvagem" se restringia no máximo às bandas punks de garagem que mal conseguiam sair delas.

Não existiam os ecochatos e os veganos xiitas: estes cavaleiros do apocalipse se reduziam a pequenos grupos "cult" e eles enchiam os sacos entre si mesmos. Hoje, essa gente enche o saco do mundo inteiro.

Imagine, há 25, 30 anos quando a maioria da população brasileira vivia com restrições de calorias por conta do poder aquisitivo de um pai de família lavrador, ouvir de um universitário maconheiro que os 100 gramas de carne moída que sua família consome no fim de semana "é um ato cruel contra as vaquinhas", e que os hectares desmatados para plantar feijão e milho estão devastando o meio ambiente, pondo em risco o futuro dos suecos? É de lascar!

Mertiolate ardia. Menino vestia azul e menina vestia rosa, e ninguém o enchia por você achar melhor que menino vestisse azul e brincasse de carrinho e menina vestisse rosa e brincasse de boneca. Não existiam programas de TV lacradores/problematizadores e nem youtubers ensinando normas de educação familiar para educar os catarrentos.

Mas então veio a rede mundial de computadores (internet) e toda a escória politicamente correta juntamente com uma geração do Satanás se uniu para fazer da vida do cidadão comum um inferno. Hoje, existe especialista para tudo, censor de tudo, problematizador de tudo. O "homem de bem" perdeu a paz e por isso chora no banho.

A "geração lacração" deixou a vida do brasileiro (e do mundo) sem graça, mal-humorada, amarga e ressentida. Hoje em dia, tudo é ofensa, tudo é fascismo, tudo é preconceito, tudo é machismo... Os "descolados" que infestaram as TV's, as redações de jornais e as faculdades cagam regra de 5 em 5 minutos para gente normal ter de engolir.

Teríamos resolvido isso se, ao invés de entregar para essa geração internet, tivéssemos entregado enxadas...

Paulo Faria não é daqueles que escrevem almejando o consenso ou buscando incansavelmente uma turba de séquitos (o que fica bem claro já no início do livro, na nota do autor, quando frisa que o mesmo não se reveste de "qualquer pretensão de conscientização"). Tampouco se embrenha pelo universo da escrita apenas para materializar seu espírito criativo. É muito mais que isso.

Escrever é para ele um exercício de exorcismo, uma forma de expulsar, de vomitar todos aqueles demônios que insistem em promover uma verdadeira zombaria em sua mente. E quando essa "parentada do Satanás" – como o autor sarcástica e carinhosamente refere-se aos seus capetinhas pessoais – resolve dar as caras, não há quem saia incólume. Ninguém escapa ao estilo ácido, ferino e irônico que deixa os leitores mais despercebidos irados, coléricos, com a boca espumando.

É justamente esse talento para o dissenso, a ousadia no uso de adjetivos e a fuga do discurso óbvio que me chamaram a atenção para o estilo de Faria e que fizeram com que a leitura de cada página do manuscrito de *A Arte do Sarcasmo – Da Viva Alma Mais Honesta do*

Universo ao Capitão Cloroquina valesse muito a pena.

Considero extremamente relevante a dimensão crítico-política de seus textos, principalmente quando se referem a práticas e vícios bem próximos da gente, como em *A política do churrasco com gasolina*, que aborda a comumente troca de votos por bucho e tanque cheios em época de eleições; ou em *Estudantes da UEMG/Carangola a favor do #elenão: a luta contra o perigo fascista!*, no qual satiriza uma manifestação promovida em uma universidade estadual às vésperas do último pleito presidencial contra o, à época, candidato Jair Messias Bolsonaro, "no intuito de conter o 'Coiso', o 'Indizível', o 'Inominável', já que nem uma facada do bem foi capaz de derrotá-lo". E o seu senso de ironia vai além, afirmando que o citado movimento "arrebatou os corações e mentes dos nossos revolucionários estudantes", no que classificou como "uma espécie de 'O Dragão da Maldade contra o Santo Guerreiro'", de Glauber Rocha.

Enfim, *A Arte do Sarcasmo* já valeria a leitura por essa forma incisiva como bota o dedo na ferida dos políticos, sejam eles os prefeitos ou vereadores de alguma cidade do interior, os ex-presidentes Lula, Dilma, Fernando Henrique e Temer ou o atual chefe do executivo federal, Jair Bolsonaro. Mas o que de fato me seduziu no livro não foi especificamente isso.

O que me prendeu foi a verve debochada com que nomeia e qualifica cada um desses personagens do "circo da política" ou como ironiza a "hipocrisia" da militância de uma lista de pessoas que inclui "falsos humanistas, ativistas, politicamente corretos, celebridades, militantes fantasiados de professores e jornalistas, chefes de sindicatos, líderes de supostos movimentos sociais" e muitos outros. Nesse sentido, é cômico quando ele chama Lula de "sociopata", Roger Waters de o "imbecil do ano", Fernando Henrique Cardoso de "múmia falastrona", Jair Bolsonaro de "falso mito" e "Capitão Cloroquina" ou os ministros do Supremo Tribunal Federal de "11 múmias".

Agora, de todas as facetas do livro a mais jocosa é, sem sombra de dúvidas, aquela que se volta para a crítica à trupe detentora do monopólio da ética, da moral e dos bons costumes: os politicamente corretos. Nesse sentido, o destaque fica por conta da hilariante análise de programas e da teledramaturgia de uma época não muito distante:

"Às oito da noite a 'família tradicional' brasileira sentava-se reunida na sala para assistir a novelas como 'Tieta', da TV Globo, cuja abertura tinha a maravilhosa Isadora Ribeiro peladíssima num mosaico 'erótico-artístico'. Às nove e meia era a hora de o 'cidadão de bem' trocar de canal para a extinta Rede Manchete e se deleitar com a novela 'Pantanal' que exibia em meio às belíssimas cenas pantaneiras uma mulher nua a cada 30 segundos (isso, durante um ano). Era puro êxtase!", escreve o autor em *O Politicamente Incorreto na TV Brasileira nos anos 80 e 90*.

É oxigenador ver alguém fugindo do ambiente claustrofóbico do senso comum. É rico para o debate público poder contar com um autor que ousa fazer aquilo a que poucos se dispõem atualmente: dizer o que pensa, sem culpa e sem autocensura, ainda que o que fale não esteja de acordo com o que pensamos.

Paulo Faria fez exatamente isso em *A Arte do Sarcasmo*. Numa época em que o politicamente correto nos transformou em verdadeiros eunucos da ironia e em que quase ninguém é destemido o bastante para confrontar suas opiniões com a sanha do bisturi patrulhesco de uma horda que insiste em castrar toda e qualquer narrativa que não se enquadre em sua cartilha lexical, nosso autor mostrou-se um distinto integrante do seleto rol daqueles que ainda mantêm o órgão de fazer troça – o cérebro – incólume às tentativas de extirpação da sua capacidade reprodutiva.

E para honrar o tom sarcástico mantido ao longo de todo este livro, só me resta rezar para que mais e mais demônios zombeteiros continuem a atormentá-lo. Só assim para continuarmos a ser brindados com tanto humor, ironia e, acima de tudo, sarcasmo.

Junior Santos
Jornalista

AGRADECIMENTOS

Agradeço ao principal incentivador deste trabalho, o professor José Fernandes, que sem sua especial dedicação, este livro poderia não ter existido; ao Farley Rocha, pelo Prefácio; Júnior Santos pelo Posfácio; ao meu irmão Anderson Faria pela colaboração em "A Múmia Falastrona"; Emanuelle Campos, Layon Lacerda Bounjour, Renato Costa e Rodrigo Lauriano (Maddame Rousseau), Vagner de Oliveira Peixoto, Adonhiran Toledo Correia, Alex Soares dos Santos, Edinei Gomes e André Leal de Amorim; Gustavo Martins de Almeida e ao site PORTAL ESPERA FELIZ; Adriano Leal e ao site VERUM LIBERALI; ao site WHIPLASH; e a todos os meus professores: do pré-escolar à universidade.

PAULO FARIA

Da Viva Alma Mais Honesta do Universo
ao Capitão Cloroquina

A ARTE DO SARCASMO

www.ingramcontent.com/pod-product-compliance
Lightning Source LLC
Chambersburg PA
CBHW031227250726
48655CB00005B/1833